Beltz Taschenbuch 886

Über dieses Buch:
Schlecht erzogene Kinder sind unglückliche Kinder. Dabei ist das Problem der meisten Kinder von heute nicht mehr, dass sie »unterdrückt« werden. Das eigentliche Problem ist ihre »Weltverlorenheit«, wie es der Autor dieses Buches nennt, ihre Orientierungslosigkeit, die ihnen alles gleich erscheinen lässt, sie mutlos, müde und traurig macht. Und gleichzeitig maßlos in ihren Ansprüchen. Anhand vieler Beispiele zeigt Wolfgang Bergmann, mit welchem Erziehungsverhalten wir diesem Trend entgegensteuern können. Was ist »gute Autorität«, was können wir erreichen, wenn wir unsere Kinder als maß-gebende Person überzeugen wollen, welche Ansprüche stellt ein solches Konzept auch an uns, die Eltern und Erzieher?

Der Autor:
Wolfgang Bergmann, Kinderpsychologe mit eigener Praxis in Hannover, ist einer der profiliertesten Kindertherapeuten in Deutschland und als Autor von Elternratgebern weithin bekannt. Er schreibt für verschiedene Zeitungen und Zeitschriften und tritt als gefragter Gast in Funk und Fernsehen und als Referent auf wissenschaftlichen Kongressen und Veranstaltungen für Lehrer, Ärzte, Erzieherinnen und Eltern auf. Er ist Vater von zwei Kindern.
Ebenfalls im Beltz Verlag sind auch seine Bücher »Das Drama des modernen Kindes« und »Die Kunst der Elternliebe« erschienen.

Wolfgang Bergmann

Gute Autorität

Grundsätze einer zeitgemäßen
Erziehung

BELTZ
Taschenbuch

Besuchen Sie uns im Internet:
www.beltz.de

Beltz Taschenbuch 886
© 2005 Beltz Verlag, Weinheim und Basel

3. Auflage 2006

Das Werk erschien erstmals 2004 im Beust Verlag,
Imprint der Marix Verlag GmbH, Wiesbaden
Umschlaggestaltung: Federico Luci, Odenthal
Umschlagabbildung: © Mauritius, Mittenwald
Satz: CURA MEDIA, Gilching
Druck und Bindung: Druck Partner Rübelmann, Hemsbach
Printed in Germany

ISBN 13: 978-3-407-22886-4
ISBN 10: 3-407-22886-4

Inhalt

03 Lösungen: Auf die Eltern kommt es an **147**

Vorwort

Dieses Buch wollte ich vor zehn Jahren schon schreiben, unter dem Titel »Du sollst Vater und Mutter ehren ...«. Es wurde nichts daraus! Kein Verlag wagte sich an das Thema »Autorität in der Kindererziehung« heran, zumindest kein nennenswerter. Die Zeiten haben sich geändert. Heute ist das Thema in aller Munde. Jeder redet mit, allenthalben wird Eltern empfohlen, Kindern Grenzen zu setzen. Aber an der allgemeinen Ratlosigkeit hat sich dadurch nichts geändert. Der Grund ist einfach: Wer heute für Autorität plädiert, hat meist die Tugenden der Fünfzigerjahre vor Augen. Aber so löst man Erziehungsprobleme nicht. Der verklärende, rückwärtsgewandte Blick hat in der lebendigen Wirklichkeit noch nie gefruchtet. Wie denn auch? Unsere Welt hat sich in den letzten Jahrzehnten fundamental verändert. Kindheit erst recht. Mit Tugenden von »damals« können wir den modernen Kindern nicht kommen. Sie spüren, dass ihre von Medien und Informationstechnologien geprägte Zukunft in Bildung und Beruf mit den guten alten Werten und Moralsätzen nicht zu bewältigen ist.

Auch dieses Buch plädiert für Autorität. Für »Strenge« sogar, für Disziplin. Aber es muss schon eine sein, die heute lebendig und liebevoll gelebt werden kann. Und: Autorität allein hilft nicht weiter. Kinder haben heute tausend und mehr Möglichkeiten, sich den Erziehungsversuchen der Eltern zu entziehen. Wir müssen sie von uns als Person, als »maß-gebende« Person überzeugen. Wer zu Hause einfach mal kräftig auf den Tisch haut, wird erleben, dass er seine Kinder wenig beeindruckt. Und ganz bestimmt nichts bewirkt!

Was also ist »gute« Autorität? Auf diese Fragen will ich im Folgenden eine lebensnahe Antwort geben.

Wolfgang Bergmann

Vorwort zur Taschenbuchausgabe

Die »gute Autorität« erscheint als Beltz-Taschenbuch jetzt in der dritten Auflage, rechnet man die Paperback-Ausgabe, die in einem anderen Verlag erschien hinzu, ist es die fünfte Auflage. Bei Erscheinen dieses Buches sah die Erziehungswelt noch ein wenig anders aus. Über »Autorität« wurde zwar schon viel gesprochen, aber bei weitem nicht so hartherzig, so erbarmungslos auf Erfolg getrimmt, wie es heute in den meisten Elternbüchern vorgeschlagen wird. Die Ratlosigkeit vieler Eltern ist in Resignation umgeschlagen – und Resignation ist ein schlechter Ratgeber.

Um es noch einmal ganz klar zu machen: wir sprechen in diesem Buch von Liebe und Autorität, von beidem, weil beide nicht Gegensätze sind, sondern zwei Seiten derselben Medaille – der Liebe der Eltern für ihr Kind.

Wolfgang Bergmann
Hannover, im November 2006

01

Mangelnde Erziehung und kindliche Entwicklung

Für unser Kind tun wir alles!
Wirklich alles?

Natürlich wirkt es nett, wie diese jungen Eltern sich verhalten: Sie haben eben eine Eisdiele betreten, sehen sich nach einem freien Platz um und entdecken ihn im hinteren Raum des Eiscafés. Dort angekommen, beginnt der dreijährige Sohn auf dem Arm der Mutter zu kreischen.

Aber nicht vor Freude, sondern weil er partout nicht in den hinteren Raum will. Er möchte in den vorderen. Beide Räume unterscheiden sich nicht voneinander, der eine ist so hell wie der andere, genauso breit, genauso hoch, genauso warm oder kalt. Aber der Kleine will in den vorderen! (Um es mit den Worten meiner Tochter, vier Jahre alt, zu sagen: »Kinder sind nun mal so!«).

Natürlich ist es nett, wie die beiden – sozusagen dienstbeflissen – ihre schon über die Stühle gelegten Mäntel wieder aufnehmen und mit dem kreischenden Kind auf dem Arm in den vorderen Raum ziehen. Irgendwie sieht das freundlich aus.

Aber ist es auch vernünftig?

Nein!

Damit wir uns richtig verstehen: Natürlich ist es ganz und gar nicht verwerflich, wenn Eltern ihrem Kind hin und wieder seinen Willen lassen. Natürlich kann man auch einfach mal, nur um Ruhe zu haben, dem kindlichen Trotz nachgeben. Kein Problem. Wir Eltern sollten auch in diesem Punkt nicht pingelig sein und uns selbst nicht unter eine allzu strenge Beobachtung stellen. Von einmaliger, zweimaliger oder auch zehnmaliger Nachgiebigkeit wird kein Kind tyrannisch. Wenn aber – und diesen Eindruck hatte ich bei dem jungen Paar sofort – die Nachgiebigkeit gegenüber dem Kind zur Routine geworden ist und wie eine Selbstverständlichkeit wirkt, dann können die Konsequenzen fatal sein.

Der kleine Tyrann
kann eine Familie zerstören.

Die erste Konsequenz liegt auf der Hand. Das Kind wird an seine Tyrannei *gewöhnt*. Das ist für ein Kind nicht gut, für die Eltern auch nicht. Und zwar aus folgenden Gründen: Ein tyrannisches »Klima« sorgt bei *allen* Mitgliedern einer Familie für unterschwellige Aggressivität. Auf die Dauer ist das unvermeidbar. Nie stellt sich *wirkliche* Harmonie in dieser Familie ein, zumindest nicht verlässlich, nicht dauerhaft. Nie gibt es eine tief beruhigte Zufriedenheit, stille Momente. Das Kind wirbelt mit seinen wechselnden Wünschen und »Befehlen« fortwährend alles durcheinander. Dadurch werden auch die Eltern unruhig, sie werden hektisch, sie werden auf eine versteckte Weise »sauer« und trauen sich nicht, ihrem Zorn Ausdruck zu geben. Gestauter, unterdrückter Elternzorn ist aber ebenso destruktiv wie kindliche Tyrannei. Langfristig wird auf diese Weise das Leben einer Familie vergiftet.

Unterdrückter Elternzorn ist ebenso
destruktiv wie kindliche Tyrannei.

Dies wissend, erscheint das freundliche Bild des jungen Paares und des quengelnden Kindes gar nicht mehr so freundlich. Nachgiebige Eltern wirken oft getrieben, das Kind scheint erfüllt von verzweifeltem Trotz: Hierhin will ich, und dann lieber dorthin, dies will ich haben, und dann doch lieber das oder beides – und die jungen Eltern raffen Mantel und Jacke zusammen, um den herrischen Anweisungen zu folgen, und stellen sich unter ein Diktat kindlicher Wünsche, die niemals zufrieden zu stellen sind. Ein Teufelskreis. Ich fürchte, dass auch die beiden jungen Eltern im Eiscafé in diesen Teufelskreis geraten. Dem Kind tun sie mit ihrer eilfertigen Überaktivität nichts Gutes. Sich selbst auch nicht.

Nachgiebige Eltern erklären bei Vorstellungsgesprächen in der kinderpsychologischen Praxis oft:»Unser Kind ist uns das Wichtigste auf der Welt. Für unser Kind tun wir alles.« Das wirkt zunächst sympathisch. Aber ich habe meine Zweifel. Ich frage mich insgeheim, und manchmal spreche ich es auch aus:»Wirklich alles? Oder vielleicht das Entscheidende doch lieber nicht?«

> Ohne Ordnung und Disziplin gibt es
> keine Intelligenz.

Wir müssen, um die Notwendigkeit elterlicher Autorität ganz zu begreifen, etwas tiefer in die Entwicklung einer kindlichen Seele hineinhorchen. Wir müssen uns dazu vor Augen führen, wie die Entwicklung der kindlichen Intelligenz und Wahrnehmung verläuft. Es wird sich zeigen, dass die Entwicklung eines Kindes in all ihren Aspekten der Ordnung und Disziplin bedarf.

Ohne Ordnung gibt es keinerlei Wahrnehmung. Das klingt zunächst einmal verblüffend. Denn natürlich können wir und können Kinder sehen und hören, können alles Mögliche aufnehmen, ganz gleich, ob sie eine Ordnung im Kopf haben oder nicht. Aber ganz so einfach ist es nicht. Bei genauerem Hinsehen wird uns schon klar, dass wir ja nicht einfach sehen und hören, nein, wir formen, wir ordnen all das Gesehene und Gehörte, erst dann wird daraus eine *Information*, die wir verstehen.

Eine Information ist etwas Kompliziertes. Sie ist eine *Zusammenfügung* von Gehörtem und Gesehenem. Und das ist noch nicht alles: Sie muss mit *vorher* Gesehenem und *vorher* Gehörtem verknüpft werden – erst auf diese

Weise werden *Sinnzusammenhänge* gebildet, erst daraus erwächst Intelligenz.

Intelligenz ist die Verknüpfung zunächst einfacher sinnlicher Wahrnehmungen zu einem Gewebe von Wahrnehmungen, zu immer komplexer werdenden Ordnungen, in denen die ganze Vielfalt eines kleinen Lebens abgebildet wird. So entsteht aus den drei Grundkategorien der geistigen Entwicklung – Zeit, Raum und Kausalität – ganz allmählich Wissen. Aus dem Wissen erwächst Verstehen, oder, um es in einer heute geläufigeren Diktion zu sagen: So entsteht *Intelligenz.*

Jedes Kind erzeugt in seinem kleinen Kopf solche Ordnungen. Mehr oder minder komplexe, mehr oder minder aufmerksame, mehr oder minder von (körperlichen, sinnlichen, seelischen) Erinnerungen gesättigte. Je mehr das, was ein Kind *jetzt* sieht und *jetzt* hört, angereichert und erweitert wird um das, was es früher gesehen, gehört, erfahren und gefühlt hat – oder, mit anderen Worten, je intensiver *aktuelle Wahrnehmung* und *geistige Ordnung* ineinander wirken – desto »intelligenter« verhält es sich.

Die Psychologen haben wohl irgendwann selbst begriffen, dass das Wort Intelligenz für diese Art komplexer sinnhafter Vorgänge arg dürftig ist. Da sich die modernen Wissenschaften vom Kind aber nicht trauen, von »Sinn« oder »Wahrheit« zu sprechen, haben sie dem dürren Funktionsbegriff »Intelligenz« einen weiteren, ebenso kalten Begriff zur Seite gestellt. Derzeit lesen wir viel über »emotionale Intelligenz«. Nun ja, wie auch immer diese quasi-wissenschaftlichen Benennungen lauten mögen (die leider viele Eltern beeindrucken), gemeint ist seit alters immer dasselbe: das Reifen der kindlichen Seele. Es ist ein »wachsendes Ringen«, wie Rilke sagte, in Kreisen, die sich erweitern, kein Stillstand, nichts Fixiertes, keine tote, sondern eine bewegliche, in die Zukunft greifende Ordnung.

Die Aufgabe der Eltern ist komplex und ganz und gar unersetzlich. Sie besteht, kurz gesagt, darin, die Ordnungselemente in diesem Prozess zu stützen. Denn genau das fällt einem Kind im Vorschulalter schwer. Ordnung oder Ordnungen in dem Sinn, wie ich sie eben beschrieben habe, herzustellen und festzuhalten – das ist extrem schwierig.

> Die geistige Ordnung stützen heißt
> Intelligenz fördern.

Denn genau dieser Teil der Entfaltung des kindlichen Geistes ist nicht natürlich, er muss gelernt werden. Ohne eine verlässliche Anleitung und Begleitung der Eltern ist es für ein Kind unmöglich, aus der verwirrenden Fülle der alltäglichen Wahrnehmungen »Informationen« zu filtern. Kinder, die in ihrem unfertigen Ordnungsbemühen allein gelassen werden, sehen und hören vieles oder alles, verstehen aber nur wenig.

Ihre Verständnislosigkeit färbt auf ihr Verhalten ab. Sie sind neugierig und sehr aufmerksam, sehr impulsiv, sie springen mal hierhin und mal dahin, richten ihre Aufmerksamkeit auf drei oder vier Dinge gleichzeitig und bekommen dabei natürlich nichts wirklich mit. Sie können, kurz gesagt, die Dinge zwar sehen und hören, aber sie können sie nicht wirklich aufnehmen. Und schon gar nicht *verarbeiten*. Sie machen keine Erfahrungen, weil sie keine Sinnbezüge herzustellen vermögen. Sie erleben viel, aber irgendwie macht alles keinen rechten Sinn.

Sie werden dabei immer gieriger auf immer mehr sinnliche Sensationen, auf immer mehr Abwechslung, überhaupt auf das »immer mehr« als Prinzip. Aber weil alles seelisch leer bleibt, ist solch ein umtriebiges Kind am Ende eines ereignisüberfrachteten Tages (und fast jeder Tag ist mit Ereignissen und sinnlichen Sensationen voll gestopft) nicht glücklich, sondern erschöpft und verwirrt.

Da ist dauernd ein Wirbel, ein Durcheinander in seinem Kopf. Und nie ein »Stopp«, nie ein kräftiges »Halt«! – denn das müsste von außen kommen, müsste von Mama oder Papa kommen. Das Kind wartet vielleicht darauf, aber das Stoppzeichen kommt nicht. Jedenfalls nicht mit der Klarheit, die nötig wäre, um es aus seinem Wirrwarr herauszureißen.

Diese Kinder haben oft ein wildes Durcheinander und keine Ordnung im Kopf. Sie haben ihre Wünsche fast schon wieder vergessen, während die Eltern noch bemüht sind, sie zu erfüllen. Sie freuen sich nicht oft. Die kindliche Begabung zur Freude wurde ihnen von ihren dienstbaren Eltern ausgetrieben. Immer haben sie tausend Wünsche, haben aber nie gelernt, aus den tausend Wünschen einen einzigen auszuwählen. Sie kennen deshalb auch das einzigartige Kinderglück nicht, das sich einstellt, wenn dieser *eine*, dieser *besondere* Wunsch in Erfüllung geht.

Schlecht erzogene Kinder sind unglückliche Kinder.

Verwöhnte Kinder, das wissen wir alle, sind meist mürrisch. Der Grund dafür liegt auf der Hand, ich habe es eben darzustellen versucht: Auch zum Wünschen braucht man eine innere seelische Ordnung. Und zum Glücklichsein braucht man sie erst recht. Wenn wir unseren Kindern also die seelischen Ordnungen und die Wahrnehmungsordnungen nicht in ausreichendem Maße beibringen, dann machen wir sie nicht nur selbstsüchtig, tyrannisch. Wir machen sie außerdem mürrisch, unglücklich, immer unzufrieden und unbefriedigt. So viele »un-«! In diesen Kindern herrscht ein tiefer Mangel vor. Sie haben vieles, aber das Entscheidende fehlt.

Schlecht erzogene Kinder sind unglückliche Kinder: Halten Sie sich das bitte vor Augen, wenn Sie gerade wieder einmal fest davon überzeugt sind, Sie seien die besten Eltern auf der Welt, weil Sie Ihrem Kind alle Wünsche zu erfüllen versuchen.

Wir wurden alle aus dem Paradies vertrieben …

Kleinkinder haben das Gefühl, die ganze Welt sei nur für sie da. Dieses in der Psychologie »symbiotisch« genannte Gefühl begleitet uns alle ein Leben lang: Es war das Paradies, und wir alle wurden aus ihm vertrieben. Das Neugeborene liegt geborgen an Mamas Brust, nur von den eigenen Wünschen erfüllt, warm, gesättigt und eingehüllt. Für Neugeborene und Kleinkinder existiert die Außenwelt zunächst gar nicht, später nur schemenhaft, Innen und Außen sind noch nicht voneinander geschieden. Für den neuen Menschen ist eigentlich alles eine große, weite, »einige Welt« des Ich.

Ja, wir alle haben diese beseligten Phasen durchlaufen. Wir verlieren die Sehnsucht danach unser ganzes Leben lang nicht mehr. Mystik und manche Esoterik leben davon und sind erfüllt von solche Motiven. Wir alle haben während unserer Kindheit dann auch andere Erfahrungen durchleiden müssen, die uns zeigten, dass die uns umgebende Welt *nicht* mit uns in Einklang steht. Jedes Kind durchläuft diesen Prozess neu. Er ist schmerzlich.

Die Welt ist hart und widerständig. Schon bei den ersten Schritten fällt man auf den Boden und schreit, der Kopf stößt gegen Tischkanten, Gläser und Teller purzeln herunter, man verletzt sich. Oh nein, diese Welt ist nicht »einig« mit uns, sie widersetzt sich, ist gefährlich, und manchmal erscheint sie wie ein großer Feind.

Deshalb haben Kinderträume so viel mit Ängsten zu tun. Der Grund dafür liegt in der beunruhigenden Erfahrung, dass die Welt ihre eigenen Gesetze hat und mit dem verletzlichen kindlichen Körper heftig zusammenprallen kann. Und mit dem kindlichen Wollen und Fühlen erst recht. Mühsam, ganz mühsam erwerben Kinder eine gewisse »Welterfahrung«. Man kann die Welt nicht ändern, man kann sie nicht abschaffen, man kann sie dem eigenen Willen nicht gefügig machen. Kinder lernen das, aber es ist schwer. Zugleich mit dieser geistig-seelischen Entfaltung beginnen sie Schritt für Schritt, die Welt sorgfältig zu beobachten (Kinder haben ein unvergleichliches Beobachtungsvermögen), sie zu ordnen und zu sortieren, Erfahrungen zu sammeln und aus Erfahrungen zu lernen. Dies alles hat mit der vorhin genannten Ordnung der Seele und Ordnung der Wahrnehmung zu tun.

Ohne Ordnung und Gehorsam entwickelt sich kein Selbstbewusstsein.

Die Ausbildung einer eigenen Persönlichkeit, eines »Ich«, *und* die Anerkennung der Tatsache, dass die Welt nach eigenen Gesetzen gestaltet ist – dies sind innig ineinander verwobene Entwicklungsschritte. Eine Stabilität des kindlichen »Ich« ohne Anerkennung der »anderen«, dem eigenen Willen entgegengesetzten Eigenarten der Menschen und Dinge gibt es nicht. Es gibt kein Selbstbewusstsein ohne Ordnung und Gehorsam. Die liberalen Pädagogen und die Gordons (vgl. S. 47) dieser Welt haben diesen einfachen Zusammenhang nie verstanden oder zumindest nie akzeptiert. Das war und ist ihr Grundirrtum.

Dass die Gesetze der objektiven Welt andere sind als die des eigenen Wollens und Wünschens – dies zu erkennen und zu *verinnerlichen* ist die zentrale Voraussetzung, damit ein Kind seine Fähigkeiten und seine Intelligenz ausweiten und sich zu einem eigenständigen menschlichen Wesen entwickeln kann. Eltern, die voller Eifer den Wünschen ihres Kindes nachkommen, hindern es, diese wichtige Erfahrung zu machen. Sie gaukeln ihrem Kind ein

Trugbild vor, nämlich das Trugbild, dass die Welt letztlich doch – wenn man seine Wünsche nur hartnäckig und laut genug äußert – dem eigenen Willen gefügig zu machen sei. In den Entwicklungsphasen, die ich eben skizziert habe, bedeutet dies für jedes Kind eine gewaltige Verwirrung.

Es ist ja gerade dabei zu lernen, dass die Welt eigene Gesetze hat (und es beginnt, auf diese Weise die Existenz einer unabhängigen Objektwelt zu akzeptieren), es hat gerade die Grundlagen seines sozialen Lebens gelegt, indem es erkannte, dass andere Kinder andere Spiele bevorzugen, andere Tanten und Onkel sich anders verhalten als Papa und Mama, es hat soeben mühsam verstanden, dass ein Tier manchmal wegläuft, wenn man es streicheln will, weil es auch einen eigenen Willen hat (weil es viele Willen auf der Welt gibt und sie alle zusammen die Grundlagen des Lebens darstellen) – da ziehen und zerren die nicht autoritären Eltern ihr Kind willfährig und gedankenlos zurück auf einen früheren, überwundenen Entwicklungsstand.

Sie stehlen ihm die Erfahrbarkeit der Welt und hüllen es ein in eine weiche, umfangende Fürsorge, in der das Wahrnehmen immer nur um das »Ich« kreist und letzlich im Sande verläuft. Solche Kinder werden im Extremfall krank.

Wir halten uns bei unseren folgenden Überlegungen also vor Augen: Indem ein Kind die eigenständigen Gesetzmäßigkeiten der objektiven Welt erkennt, lernt es sich selbst kennen. Das ist das Grundgesetz der menschlichen Entwicklung. Ich denke, während ich diese Zeilen schreibe, an die beiden jungen Eltern. Ich wünsche ihnen sehr, dass ihre Gefügigkeit gegenüber dem kleinen Tyrannen nur eine momentane Laune war, ein Zufall und nicht die Regel. Denn in gewisser Weise ist es immer wieder eine kleine Tragödie, wenn man zusehen muss, wie aus Kinderliebe auf fatale Weise eine lebenslange Beeinträchtigung hervorgeht. Diese Eltern wollen ihrem Kind doch nur die Härte der Wirklichkeit ersparen, oder sie zumindest mildern, sie rauben ihm aber einen Teil seines geistigen und seelischen Lebens.

Wenn die Eltern wie ein Puffer zwischen ihrem Kind und diesen Grunderfahrungen stehen, lernt ein Kind dies alles nur begrenzt. Es sieht die Welt gleichsam durch den Filter seiner Wünsche und seines Willens: Da ist also dieser feindliche Teil der Welt, der sich meinem Willen nicht fügt – den tun wir mal zur Seite, der ist nur lästig! Und da gibt es den anderen Teil (die Eisdiele, den Spielzeugladen, den Spielplatz), der mit den Wünschen in Einklang zu bringen ist – den erkläre ich zum Zentrum meiner Welt. Statt der Ganzheit der Welt erlebt solch ein Kind nur Ausschnitte. Alles andere bleibt diffus, sozusagen im Wahrnehmungsschatten seiner selbstbezogenen Wünsche. Natürlich werden früher oder später eben aus diesem Wahrnehmungsschatten erschreckende und oft schockierende Erfahrungen hervorspringen und auf eine unvorbereitete Seele treffen.

Schule, Kindergarten – überall nur Unglück!

Im Kindergarten werden für solch ein Kind alle anderen Kinder, die ihrerseits mit Willenstärke ihre Wünsche vorbringen, zur Bedrohung. Es versteht ihre Eigenbedürftigkeit nicht, es kann sich nicht einfühlen und sieht sich einem ganz und gar unverständlichen Wollen eines anderen Kindes ausgesetzt. Konsequenterweise schreckt es vor dem Zusammensein mit anderen Kindern zurück. Die soziale Gemeinschaft wird zu einer Zumutung, oder zu einem Angstfaktor.

»Mit Gerda habe ich gestern sehr schön gespielt, weil Gerda mein Spiel mitspielte. Gerda ist meine Freundin.« Unser Kind freut sich auf das nächste Treffen. Wenn Gerda aber am nächsten Tag ein ganz anderes Spiel spielen möchte, ist es verstört. Entweder es erklärt Gerda jetzt zu jenem feindlichen Teil der Welt, der eh schon übergroß ist und mit jeder Erfahrung ins Maßlose wächst – und hat eine Freundin verloren –, oder es versucht seinen eigenen Willen auf Biegen und Brechen durchzusetzen, weil es ja da die Freundschaft gern aufrechterhalten will. Anpassung an das, was den eigenen Wünschen entgegengesetzt ist, hat es nie gelernt; auf diese Idee kommt solch ein Kind gar nicht. Und Gerda? Sie lässt sich vielleicht einen Tag zwingen, vielleicht auch einen zweiten, danach nicht mehr. Gerda sucht sich andere Freunde, und unser Kind weiß buchstäblich nicht, wie ihm geschieht. Die mangelhaft gelernte soziale Wahrnehmung läuft nicht, wie viele Eltern meinen, auf einen kräftigen, durchsetzungsfähigen Willen ihres Kindes hinaus, sondern einfach nur auf Isolation. Das Kind wird einsam. Verwöhnte Kinder berichten auffällig oft von Albträumen, in denen ihnen die anderen Kinder als furchterregende Monster erscheinen.

Verwöhnte Kinder sind einsame Kinder.

In der Schule spätestens wird die nicht gefügige Welt endgültig dominierend. Plötzlich zeigt sich, dass die fremde Welt einem entsetzlich nahe kommt, dass sie Druck ausübt, Leistung fordert und dass man sich ihr gar nicht entziehen kann. Wieder Angst. Die nicht autoritär erzogenen Kinder werden mit solchem Druck und mit so viel Angst nicht fertig. Sie entwickeln jetzt oft massive Probleme, Schlafstörungen, psychosomatische Störungen, Überaktivität. Und einsam sind sie immer noch, allein gelassen, gleich in mehrfacher Hinsicht.

Das haben wir also damit bewirkt, dass wir uns wie ein wunscherfüllendes Rumpelstilzchen zwischen die Eigengesetzlichkeit der Welt und das kindliche Wünschen eingeschaltet haben. Wir wollten den Aufprall, den jedes Kind erleidet und der für Eltern oft schmerzlich anzusehen ist, lindern. Wir haben es nur gut gemeint. Aber wie so oft im Leben hat das gut Gemeinte die bösesten Folgen. Rumpelstilzchen erfüllte alle Wünsche und forderte am Ende seinen Preis. Nicht jedes Kind weiß, wie das Böse zu bannen ist – nämlich indem man es beim Namen nennt. Viele Eltern begreifen es auch nicht. Der Preis kann sehr hoch sein.

Strenge: wann und wie?

»Ja, ja«, nicken die Eltern. Sie hätten sich das auch schon gedacht. Mehr Konsequenz, mehr Strenge in der Erziehung, das würde dem Jungen gut tun. »Der Junge« ist 9 Jahre alt, ein blitzgescheites Kerlchen, sehr charmant, clever und sehr wendig. Er weiß das auch. Einer neuen Mode folgend vermutet die Grundschullehrerin, der Knabe habe »ADS« (Attention Deficit Syndrom). Jedenfalls kann er sich im Unterricht keine fünf Minuten konzentrieren, klettert über Tische und Stühle, stört die Nachbarn und reagiert auf die Vorhaltungen der Lehrerin mit einem breiten, freundlichen (und gelegentlich verschlagenen) Lächeln. Seine Offenheit signalisiert unter anderem allerdings auch: Du kannst mir gar nichts! Du hast gar keine Macht über mich! Ich tue was ich will!

Seine Leistungen werden schwächer, da hilft die Intelligenz gar nichts. Angesichts unserer extrem leistungsorientierten deutschen Grundschule zeichnet sich ein Desaster ab. Und zwar für ihn *und* für seine Eltern. Die Versetzung war schon im zweiten Schuljahr gefährdet, im dritten ist sie es erst recht, und hinter der Warnung »Versetzung gefährdet« verbirgt sich die Drohung, ihn auf die Förderschule zu schicken. Ein intelligenter Junge, aber seine Zukunft in unserem Bildungssystem sieht düster aus. Das sehen inzwischen nicht nur die Lehrer, sondern auch die Eltern so. Deshalb haben sie mich aufgesucht.

Ich habe mich zwei Stunden mit dem Jungen unterhalten. Von ADS keine Spur. Umso mehr von etwas, das ich mit einem komisch-altmodischen Wort bezeichnen würde: *unerzogen*. Er ist intelligent genug, um die Welt zu sehen, wie sie ist, in ihr zu funktionieren, sich so zu verhalten, dass der eigene Vorteil gewahrt bleibt. Aber er ist nicht erzogen oder – was im englischen Sprachgebrauch dasselbe ist – *gebildet* genug, um sie auch zu verstehen. Ver-stehen! Er findet keinen Stand in ihr, keinen Halt. Und so hangelt er sich von einer Situation zur anderen, setzt seine Cleverness mal hier, seinen Charme mal dort ein. Und wenn beides versagt, weiß er sich nicht zu helfen. Gelegentlich kommt es dann zu kindlichen Trotzanfällen, manchmal fällt er in Depressionen. Dann sagt er auch schon mal Sätze wie:»Am liebsten würde ich gar nicht mehr leben.« Verständlicherweise versetzt das seine Eltern in Panik. Befriedigt stellt der clevere Knabe fest, dass sie danach ihre Erziehungsbemühungen wieder einstellen. Verständnis ist jetzt angesagt, Einfühlungsvermögen gefragt! Die Eltern fühlen sich getrieben, der Kleine spürt die Macht, die er über sie hat, und nutzt sie weidlich aus. Das führt zu nichts Gutem.

So also sind sie in die Praxis gekommen. Hilflos, verängstigt und das modische Gespenst »ADS« vor Augen. Es ist übrigens gar nicht so einfach, Aufmerksamkeitsschwächen von mangelnder Erziehung zu unterscheiden. Die Symptome sind sehr ähnlich, aber die Ursachen sind es nicht. ADS ist – aller Wahrscheinlichkeit nach – eine neurophysiologisch begründete seelisch-geistige Grundausstattung eines Kindes. Unerzogenheit ist einfach die Folge falscher Erziehung. Ersteres ist schwer zu therapieren, Letzteres scheint leicht zu korrigieren zu sein, ist es aber auch nicht. Den meisten Eltern fällt es unendlich schwer, einen nachgiebig-weichen, gewährenden bis nachlässigen (»lassenden«!) Erziehungsstil zu verändern. So geht es auch unseren Eltern.

Sie sitzen vor mir und nicken mit dem Kopf:»Ja, ja. Mehr Konsequenz und Strenge wäre schon gut.«

»Nun«, antworte ich und will schon aufstehen, um das Gespräch zu beenden,»dann fangen Sie mal an!«

Die beiden reagieren hilflos.»Aber wie? Aber wann?«

»Jetzt«, sage ich.

Wenn Eltern ihre Kinder verwöhnen

Machen Sie einmal folgenden Versuch: Stellen Sie sich vor Ihren Kleiderschrank oder Ihr gut gefülltes Bücherregal und wählen Sie ein oder zwei völlig entbehrliche Stücke aus. Stellen Sie sich vor, sie wollen auf dieses Kleidungsstück oder dieses Buch verzichten – einem bedürftigen Verwandten eine Freude machen, einen Obdachlosen beschenken oder was auch immer.

Just in diesem Augenblick erscheint das Buch, das Sie seit Jahren nicht angeschaut haben oder das Kleid, das Sie seit einer Ewigkeit nicht mehr getragen haben, geradezu unverzichtbar. Warum? Weil alle Dinge in dem Augenblick, in dem sie uns verloren gehen, in einem besonderen Glanz erstrahlen. Sie werden wertvoll, kostbar. Wir beachten sie! Wir schenken ihnen unsere Achtung. Wir schauen sie mit Sorgfalt an, wo vorher Beliebigkeit oder Gleichgültigkeit herrschte. Diese kleine Übung ist allein aus diesem Grund einen Versuch wert – sie zeigt uns, wie nachlässig wir mit allem umgehen.

> Die umfassende Verfügbarkeit
> von Dingen erzeugt Langeweile.

Aber ich will auf etwas anderes hinaus. Ich will Sie darauf aufmerksam machen, dass die Dinge nur dann etwas gelten, wenn sie nicht im Überfluss vorhanden sind, wenn sie *nicht mehr da* sein könnten. Wenn sie uns nicht einfach zur Verfügung stehen.

Die Verfügbarkeit der Dinge erzeugt Langeweile. Das gilt für uns Erwachsene, das gilt für die Kinder in besonderem Maße. Dasselbe Experiment würde bei Ihrem Sohn oder Ihrer Tochter nämlich ähnlich verlaufen.

Das Kinderzimmer steckt voll mit Spielzeug, das seit Monaten in der Ecke verstaubt. Es ist einfach zu viel da, der einzelne Gegenstand findet keine Beachtung. Ihr Kind interessiert sich gar nicht dafür. Schlagen Sie ihm nun vor, diese oder jene Puppe einem anderen Kind zu schenken – vielleicht einem, das nicht im gleichen Überfluss lebt –, dann werden Sie merken, wie wichtig die Puppe oder dieses Spielzeug, das Sie zum Verschenken vorschlagen, plötzlich wird.

Das beruht nicht etwa auf Geiz oder ähnlich Unerfreulichem. Nein, auch hier gilt: Im Moment des Verlustes erstrahlt jeder Gegenstand in einem eigenartigen Glanz. Es wird wertvoll, weil es beachtet wird. Es wird beachtet, weil es wieder einzigartig geworden ist. Es ist einzigartig geworden, weil es aus der Menge der verfügbaren Dinge plötzlich herausragt.

So, und nun müssen wir diesen Gedanken nur einmal umkehren. Wenn wir unsere Kinder mit Geschenken und anderen Dingen überhäufen, dann ist es gar kein Wunder, dass sie sich über nichts mehr richtig freuen, natürlich nicht! Alle Geschenke werden verwechselbar, weil es zu viele sind. Da kommt an Weihnachten eine Puppe und von der Großtante noch eine, dann noch ein Zwanzigmarkschein oder ein Fünfziger (weil irgendein Großonkel, der sich auch nicht lumpen lassen will, plötzlich seine verwandtschaftlichen Gefühle entdeckt) und so weiter und so weiter – viel zu viele Dinge auf einem Haufen, und alle versacken in dem Einerlei des Überflusses.

Unsere Kinder können nicht mehr entscheiden, ob sie mit diesem oder jenem Spielzeug spielen sollen. Ihre Aufmerksamkeit flitzt hierhin und dorthin, und schließlich bleibt sie irgendwo *zwischen* den vielen Dingen hängen.

Auf nichts richtet sich die Aufmerksamkeit ganz, nichts hat den besonderen Glanz, der aus der Einzigartigkeit eines Spielzeugs erwächst. Alles ist gleich, gleich-gültig! So entsteht ein tiefes Ungenügen, eine seelische Not.

Ein Ungenügen, eine Unzufriedenheit oder eine Not entsteht zum einen dadurch, dass der Mensch etwas benötigt und es nicht erlangen kann. Es gibt andererseits aber auch ein Ungenügen – und das kann sich auch zu einer Art seelischer Not steigern –, das dadurch entsteht, dass alles schon da ist. Auch dann gehen uns die Dinge verloren.

Sie büßen, wie ich eben sagte, ihre Einzigartigkeit ein, und genau dies hinterlässt eine Leerstelle in der kindlichen Seele.

Wirklich wichtig wird uns nur etwas, um das wir uns bemüht haben. Oder – wenn es sich um ein großzügiges Geschenk handelt – wonach wir uns gesehnt, worauf wir gewartet haben. Wir sollten eine Zeit innerer Spannung und Ungewissheit zugebracht haben, bevor wir das beseligende Geschenk endlich in den Händen halten.

> Ohne Wunsch und Warten, ohne Bemühen
> wachsen uns die Dinge nicht ans Herz.

Das scheint einer tiefen menschlichen Veranlagung zu entsprechen. Ohne Wunsch und Warten, ohne Bemühen wachsen uns die Dinge nicht ans Herz. Sie können deshalb auch nichts bedeuten, und wenn sie nichts bedeuten, können sie nicht beglücken. Überfluss macht nicht glücklich – aus genau diesem Grund!

Wir wissen das auch. Und dennoch ertränken wir unsere Kinder im Überfluss. Wir tun es ganz offensichtlich nicht aus Liebe. Wir sehen ja, dass wir ihnen damit nichts Gutes tun. Die Kinder halten es uns vor Augen. Sie starren an Weihnachten auf den Haufen von Geschenken und fangen beim geringstem Anlass an, missmutig zu nörgeln oder zu weinen. Nein, glücklich sind sie nicht. Wir wissen es vom letztjährigen Weihnachtsfest oder Geburtstag und tun es doch immer wieder: Wir packen ein Geschenk auf das andere und können unsere Kinder damit nicht beruhigen und unser schlechtes Gewissen wohl auch nicht.

Erziehung ist niemals perfekt – und das Bemühen um Perfektion ist schädlich

Warum machen wir immer und immer wieder denselben Fehler, obwohl wir ihn längst als Fehler erkannt haben? Die Antwort ist vielfältig.

Als Erstes fällt uns sofort ein, dass wir ständig ein schlechtes Gewissen haben. Ständig befürchten wir, dass wir an unseren Kindern etwas versäumen. Eltern haben zu wenig Zeit, das steht in jeder Fachzeitschrift und jedem Familienmagazin. Die fehlende Zeit versuchen sie durch Geschenke zu ersetzen. Nun ja, das mag eine mögliche Erklärung sein. Eine befriedigende ist es aber nicht. Ich kenne viele, überaus liebevolle Eltern, die sich durchaus für ihre Kinder Zeit nehmen, und sie dennoch mit Geschenken überhäufen. Ich glaube, der entscheidende Punkt ist ein anderer. Ich glaube, wir möchten unsere Kinder zum Glücklichsein zwingen. Wir ertragen es nicht, wenn sie irgendeine Art von Unzufriedenheit äußern. Wir leiden mit ihnen, wenn sie unter dem geringsten Mangel leiden. Wir befinden uns in einer ständigen Unruhe und Spannung in Bezug auf unsere Kinder. Wir möchten alles Gute für sie, aber wir möchten es im Übermaß. Und dies genau tut ihnen nicht gut.

> Wir möchten unsere Kinder
> zum Glücklichsein zwingen.

Warum möchten wir das? Natürlich auch aus Elternliebe und vielen anderen positiven Motiven heraus. Das wollen wir bei all der Kritik und Selbstkritik nicht vergessen. Aber wir tun es auch, weil wir insgeheim vor unseren Kindern Angst haben. Angst davor, dass sie mit ihrer Nörgelei das Weihnachtsfest verderben. Angst davor, dass sie uns mit ihrer Unzufriedenheit als schlechte Eltern dastehen lassen. Angst auch davor, dass die brüchige Harmonie einer Familie durch unzufriedene Kinder endgültig zerbröseln könnte. Wir haben Angst vor dem Scherbenhaufen, den unzufriedene Kinder anrichten können. Deshalb stopfen wir sie zu, bevor sie den Mund öffnen, um einen konkreten Wunsch zu äußern. Sie kommen gar nicht dazu, etwas richtig zu wollen. Etwas richtig zu verlangen. Ein starkes Verlangen in sich zu fühlen, indem sie sich dafür anstrengen. Ihre Wünsche beispielsweise aufs Papier bringen, geschickt formulieren, begründen, zeichnen, was auch immer. Durch die Anstrengung erst werden die Dinge wirklich wichtig, bedeutungsvoll, strahlend. Nein, sie kommen nicht dazu, wir lassen sie nicht. Wir stopfen sie zu, nur damit sie still sind. Es ist unser Wunsch nach Harmonie, unser Ungenügen, unsere Sehnsucht nach einer heilen Familie und einer heilen Welt, für die die Kinder einstehen sollen.

> Wir haben Angst vor dem Scherbenhaufen, den unzufriedene Kinder anrichten können.

Wir möchten, und das ist der zentrale Fehler, mit unseren Kindern *perfekt* umgehen. Wir tun ihnen damit Unrecht.

Und damit sind wir bei unserem eigentlichen Thema: Autorität. Wir spüren sehr wohl, dass unsere Kinder Autorität brauchen. Wir merken ja, dass ihnen Lenkung gut tut, dass sie ruhiger werden, wenn man ihnen klare Anweisungen gibt und diese durchsetzt. Alle Eltern machen diese Erfahrung, aber sie ziehen nicht die Konsequenz daraus. Warum nicht?

Aus dem Grund, der auch für das Übermaß an Geschenken verantwortlich ist: Wir möchten ideale Lebensverhältnisse mit den Kindern haben. Autorität aber hat mit Spannung, Anstrengung, möglicherweise mit Konflikt zu tun. Wir vermeiden dies alles. Wir vermeiden damit letztlich ein wahrhaftiges Familienleben. Wir vermeiden es um den Preis, dass hinterher nichts übrig bleibt.

Wir bemühen uns unaufhörlich, unseren Kindern alle Anstrengungen abzunehmen. Warum wundern wir uns dann, dass sie letztlich träge und selbstgefällig werden? Aber kein Mensch ist glücklich, wenn er träge und selbstgefällig ist. Auch Kinder nicht!

Wenn Autorität zu spät kommt

Man kann es neuerdings überall beobachten: Die Gereiztheit im Umgang mit Kindern nimmt zu. Das ist durchaus
vergleichbar mit der wachsenden Unduldsamkeit gegenüber Radfahrern in Fußgängerzonen: Jahrelang ließ man
sich ihre Rücksichtslosigkeit gefallen, weil sie moralisch und
ökologisch korrekt zu handeln schienen. Aber irgendwann
reißt der Geduldsfaden. Irgendwann wird jeder, der sich auf
das Rad schwingt, misstrauisch beäugt. Man vermutet gleich
einen Rüpel in ihm, einen, der risikoreich an älteren Leuten
oder Kleinkindern vorbeirast, ohne Sinn und Verstand und
ohne Einsicht – selbst wenn es sich bei *diesem* Radfahrer um
einen gutwilligen und besonnenen Zeitgenossen handelt.
Kurzum, die Stimmung ist umgekippt, und alle lassen sich
davon anstecken. Mit den Kindern scheint es ähnlich zu
gehen, die Folgen wiegen allerdings schwerer.

Über viele Jahre hat man ihre Ungezogenheiten ertragen, nun bahnt sich ein Umdenken in der öffentlichen
Meinung an. »Wir müssen unsere Kinder strenger erziehen«, hallt es durch den Blätterwald; kaum eine Zeitung
oder Zeitschrift lässt sich dieses Thema entgehen. Nun ja,
mag der geneigte Leser einwenden, das ist es doch, was Sie,
Herr Bergmann, verlangen (übrigens seit vielen Jahren,
um auch das einmal zu erwähnen). Sie fordern doch mehr
Autorität für Kinder. Nun seien Sie also zufrieden, da haben Sie ja, was Sie wollen.

Und wie reagiere ich darauf? Zögerlich.

Ja und Nein!

Ja, ich bin schon froh darüber, dass Worte wie Autorität
und Strenge überhaupt wieder in den Mund genommen

werden dürfen. Vielleicht wird jetzt endlich ein Tabu gebrochen, das zwanzig Jahre lang über der Kinderziehung lastete. Das wäre ein Fortschritt, zweifellos. Ich bin aber noch gar nicht überzeugt davon, dass dies der Fall ist.

Bevor ich darauf eingehe, will ich auf eine andere Gefahr aufmerksam machen. Sie hat mit der eingangs erwähnten Gereiztheit zu tun: Die Stimmung schlägt um, wie gesagt. Das führt manchmal zu schlimmen Erscheinungen. Der Vater, der auf offener Straße seinen vierjährigen Sohn anbrüllt: »Lass das endlich los«, stößt nicht mehr auf allseitiges Befremden, sondern (zunehmend) auf Verständnis. Die Mutter, die im Kaufhaus ihr zappelndes Kind vom Puppenregal wegzerrt, erntet nicht nur Kopfschütteln, sondern Mitgefühl. Die Kinder heutzutage, so eine sich ausbreitende neue Meinung, sind einfach zu dreist. Man muss ihnen »Grenzen setzen«: Dieses Schlagwort hat sich in den Köpfen eingenistet. Es richtet dort leider viel Unheil an.

»Unheil?«, fragt der Leser wiederum. Weshalb handelt es bei den beiden genannten Beispielen nicht einfach um vernünftige Autorität?

> ## Die aktuelle Forderung, den Kindern »Grenzen zu setzen«, richtet leider viel Unheil an.

Ich will versuchen, an einer kleinen Geschichte zu erläutern, was ich meine: Der kleine Max wächst in einer typischen modernen Mittelstandsfamilie auf. Er lernt ganz früh, sozusagen zugleich mit dem Laufen und Sprechen, wie er Papa und Mama gegeneinander austrickst. Papa und Mama sind nämlich liebevolle Eltern. Sie lassen sich leicht austricksen. Insgeheim und ein ganz klein wenig konkurrieren sie um die Gunst des Kindes. Beide erblühen in stillem Stolz, wenn Mäxchen seine kleinen Arme um sie schlingt und sagt: »Du Mama (ersatzweise: Du, Papa), du bist die (oder der) Beste auf der ganzen Welt.« Elternliebe ist eine schöne Sache, aber sie wird umso erpressbarer, je

selbstbezogener sie ist. Ich will diesen – ein wenig ver-
klausulierten – Satz hier gar nicht weiter ausführen. Blicken wir einfach in unser elterliches Inneres, dann stellen
wir schon fest, dass in unserer übermäßigen Liebe und
Zuwendung zum Kind auch ein Stück Egozentrik steckt.
Genau an dieser Stelle lassen wir uns dann verführen, sind
auszutricksen, vielleicht sogar erpressbar.

In denjenigen Familien, die ohnehin emotional auf der
Kippe stehen (und das sind etwa die Hälfte aller Familien), wird das Kind zum ausschlaggebenden Faktor. In
vielen Familien ist es der einzige Garant und Stabilitäts-
faktor, der einzige Bezugspunkt, der in die Zukunft weist,
Dauer beansprucht und Dauer abruft. Der kleine Sonnenschein als der insgeheime Zusammenhalt der Familie
– das stärkt die Macht des Kindes, vermehrt sie, überzieht
sie. Dem kleinen Max geht es zunächst ganz gut dabei, er
will gar nicht so recht aus der schönen fantastisch-sym-
biotischen Kleinkinderwelt heraus; von seinen Eltern wird
er auch nicht herausgeleitet, sein kindlicher Wille wird
kaum oder gar nicht begrenzt, sein willkürliches Wünschen und Greifen kaum reguliert. Der kleine Max wird,
mit anderen Worten, zu dem typisch nicht autoritär erzogenen Kind, mit dem wir es heute zu tun haben.

Und so wächst er heran, so entstehen die ersten Konflikte im Kindergarten. Klein-Max trifft viele Klein-Mar-
tins und Klein-Martinas, die alle aus demselben Kinder-
paradies kommen und in der Gemeinschaft der Kinder
ein kleines Trauma erleiden. Plötzlich stößt ihr Wille auf
den anderer Kinder, und der ist nicht so rücksichtsvoll wie
der ihrer Eltern, plötzlich wird ihr Wünschen begrenzt
durch die Wünsche anderer Kinder, und die sind nicht so
nachgiebig, wie man es von Papa und Mama gewohnt ist.
Kurzum, aus Max' omnipotenter Seligkeit (die ja bei
einem kleinen Kind durchaus »süß« wirken kann) wird –
gelegentlich sogar gewaltsam ausgelebte – Unerzogenheit;
sein Unvermögen, die kleinsten Frustrationen zu ertragen, wird auffällig.

Bis zu diesem Zeitpunkt nun, also über eine sehr lange
Zeit (eine für ein Kinderleben *enorm* lange Zeit!) hatten
die Eltern an einem nicht autoritären Erziehungsstil fest-
gehalten. Vier oder fünf Jahre lang hatten sie das Wohl-
wollen ihrer Umgebung genossen, wenn sie den kleinen
Tyrannen gewähren, wenn sie seine Trotzanfälle geduldig
über sich ergehen ließen und dergleichen mehr. Vier, fünf
Jahre haben sie auch vor sich selbst das Bild der liebevollen, einigen, harmonischen Familie aufrechterhalten. Nun
auf einmal bricht diese Konstruktion zusammen.

> Unter dem Druck der öffentlichen Meinung
> wird aus einem »kleinen Sonnenschein« ein
> fehlgeleitetes, unerzogenes Kind.

Die Kindergärtnerin, die ein entsprechendes Sachbuch
gelesen hat, die Vorschullehrerin, die eine Fortbildung
durchlief, oder der Leiter der Gesamteinrichtung, der regelmäßig die Bild-Zeitung liest, machen sie darauf aufmerksam, dass ihr Kind *unerzogen* sei. »Das Kind braucht
Autorität«, sagen sie. »Wir Deutsche sollten unsere Kinder
strenger erziehen.« Aus dem kleinen Sonnenschein und
dem Garant des Familienfriedens ist urplötzlich ein fehl-
geleitetes, fehlerzogenes, eben *un*erzogenes Kind geworden. Ein Problemkind möglicherweise. Und so, wie die
Aufrechterhaltung der friedfertigen und harmonischen
Familienidylle den »narzisstischen« Bedürfnissen der Eltern entsprach, so sehr fühlen sich eben diese Eltern jetzt
heftig gekränkt. Ihnen wird vorgehalten, dass diese Familie nicht perfekt, nicht harmonisch, nicht vollkommen sei.
Aber eben dafür hatten diese jungen Eltern doch so große
Opfer gebracht, vor allem Opfer an ihren Nerven! Jetzt
scheint alles entwertet, und die junge, desorientierte Familie steht in der Gefahr, zu einem fatalen Gegenschlag
auszuholen.
  Aus der nicht autoritären Erziehung wird nun etwas anderes. Ich möchte es nicht »autoritär« nennen, denn unter

»autoritärer Erziehung« im Sinn dieses Buches verstehe ich etwas anderes. Es ist eher ein Nachgeben gegenüber einem Außendruck, so, wie die jungen Eltern vorher einem »Innendruck« nachgegeben haben. Jetzt handeln sie in dem klaren Gefühl, dass sie alles anders machen müssen, Strenge sei am Platz. Und damit brechen auch zugleich die inneren Ambivalenzen auf, die gefühlsmäßigen Widersprüche, die sich so lange angesichts der Übergeduld, der Übernachgiebigkeit, dem Überverständnis für Max angebahnt hatten.

Jeder »kleine Sonnenschein«, der ständig seinen Willen durchsetzt, geht seinen Eltern auf die Nerven. Jedes Kind erzeugt Situationen, in denen Eltern gereizt reagieren möchten (und es sich oft verbieten). Jedes Kind proviziert zwiespältige Gefühle. Keineswegs nur liebevolle, auch aggressive. Die aggressiven wurden aber in unserem Fall und in hundertausend anderen Fällen über vier oder fünf Jahre hinweg konsequent unterdrückt. Es galt, die Familienidylle nach außen und nach innen aufrechtzuerhalten. Jetzt, mit den Ermahnungen von Kindergärtnerin und Vorschullehrerin, jetzt, unter dem Druck der öffentlichen Diskussionen werden die Eltern von einer ganz anderen Anfechtung heimgesucht, nämlich nun endlich einmal anständig auf den Tisch zu hauen, endlich einmal klar zu machen, wer hier Herr im Haus ist, nötigenfalls auch einmal einen kleinen Klaps oder eine Ohrfeige zu verabreichen.

> Der »Herr im Haus«-Standpunkt
> bedeutet keine Umkehr zu einer vernünftig
> verstandenen autoritären Erziehung.

Das ist aber keine Umkehr zu einer vernünftigen autoritären Erziehung, es ist lediglich das Ausleben innerer Widersprüchlichkeiten, um nicht zu sagen Unredlichkeiten der Eltern, die sich über einen langen Zeitraum aufgestaut haben. Plötzlich brüllt Papa los, plötzlich meckert Mama hemmungslos, plötzlich setzt es Schläge. Klein-Max weiß natürlich nicht, wie ihm geschieht. Diese über ihn hereinbrechende Autorität gibt ihm nichts von der Orientierung, die eine richtig verstandene Autorität ihm vermitteln könnte, nichts von der sichernden Lenkung, die ein verlässlicher Vater ihm schenken könnte, nichts von der bewahrenden Wärme, die eine aufmerksame Mutter ihm geben könnte. Nichts davon. Nur Verwirrung über die plötzlich verzerrten Gesichter der Erwachsenen, die plötzlich veränderten Stimmen, die plötzlich auf dem Kopf stehende kleine Kinderwelt.

Hüten wir uns also! Hüten wir uns davor, dass wir den lange unterdrückten Gefühlen unseren Kindern gegenüber nun plötzlich freien Lauf lassen. Hüten wir uns davor, jede kleine überdrehte Aufgeregtheit, jede kleine Unerzogenheit eines Kindes nun unverhältnismäßig zu bestrafen. Hüten wir uns davor, unsere Kinder klein zu machen. Autorität in einer modernen Welt sieht anders aus. Sie ist weder sprunghaft noch unberechenbar, sie verwöhnt nicht und gibt sich nicht gereizt. Autorität, wie ich sie verstehe, ist verlässlich und dauerhaft; sie fördert die Bindung zwischen Eltern und Kindern und gewährt dem Nachwuchs Schutz.

Kinder brauchen keine Grenzen – sie brauchen starke Eltern, die verlässlich und liebevoll sind.

Moderne, gute Autorität in diesem Sinne nenne ich deshalb *personale Autorität*. Sie kann sich auf keine Prinzipien stützen. Sie gründet nur auf der Liebe zum Kind und der Gelassenheit und Souveränität, die Vater und Mutter zuerst im Verhältnis zu sich selbst entwickeln, um sie anschließend an ihr Kind weiterzugeben. Es liegt auf der Hand, so scheint es mir, dass diese Autorität eben nicht irgendwelchen Moden und Trends folgt, sondern ihre Verlässlichkeit in sich selbst trägt. Nur solche Verlässlichkeit, die immer Lenkung, Leitung und überhaupt Eindeutigkeit im Verhältnis zum Kind ist, gibt diesem Kind die Chance, sich mit der Stabilität zu »identifizieren«, die personale Autorität darstellen kann. Ein Kind wird dadurch seelisch stärker. Genau das ist gemeint. Kein Modetrend. Seltsamerweise werde ich das Gefühl nicht los, dass meine Vorstellung von »guter Autorität« in striktem Gegensatz zu jener Auffassung steht, die mit dem Satz »Kinder brauchen Grenzen« überall proklamiert wird. Also noch einmal: Kinder brauchen keine Grenzen, sie brauchen starke Eltern, die verlässlich und liebevoll sind. Dann werden sie selbst auch stark. Starke Kinder sind weder rücksichtslos noch umtriebig und laut, jedenfalls nicht unentwegt. Das ist alles. Ganz einfach, oder?

Der »freie Wille« von Kindern

»Möchtest du das denn auch?«, fragt die Mama. Bastian ist acht Jahre alt. Er blickt hilflos, er weiß nicht, was er möchte. Wie denn auch?

Die beiden haben meine Praxis aufgesucht, weil sich im zweiten Schuljahr massive Konzentrationsschwächen einstellten.

Der Junge gilt als intelligent, er macht einen aufgeweckten Eindruck, die Lehrerin – so berichtet die Mutter – meint, er bleibe mit seinen Leistungen jedoch weit hinter seinen Fähigkeiten zurück. Inzwischen haben sich »Lücken« ergeben, und die Lehrerin bezweifelt, dass Bastian sie schließen könne.

Die Versetzung ist gefährdet, das endlich hat die Mutter aufgerüttelt. Danach gab es zwischen den beiden stundenlange Gespräche. Warum konzentrierst du dich nicht? Warum machst du deine Hausaufgaben nicht? Warum lernst du nicht so wie andere Kinder? »Basti«, wie sie ihn liebevoll nennt, hampelte von einer Ausrede zur anderen. »Ich kann mich nicht konzentrieren, ich habe Bauchweh, ich mag nicht.«

Dieses »Ich mag nicht« oder »Ich habe keine Lust« war der Kern seiner Aussagen. Basti hatte gelernt, dass nur gut ist, was Spaß macht. Lernen macht keinen Spaß (in der verlangsamt-methodischen Variante unseres Schullernens schon gar nicht), und das reichte ihm als Begründung. Er wollte nicht. Und irgendetwas gegen seinen Willen zu tun, das kam ihm überhaupt nicht in den Sinn.

Wenn er sich unter Druck gesetzt fühlte, entwickelte er die bekannten Symptome: Kopfschmerzen, Bauchschmerzen, Übelkeit. Der nächste Schritt ist immer Angst!

Hinter der Angstbereitschaft und den zahllosen Angststörungen unserer Kinder heute steckt oft die Unfähigkeit, Aufgaben über längere Zeit geduldig zu verfolgen. Das sind sie nicht gewohnt, so haben sie sich die Welt nicht vorgestellt, das passt nicht zu ihrem Selbstbild. Damit kommen sie nicht zurecht und die Eltern auch nicht. Ein Teufelskreis setzt ein, aus dem es kaum einen Ausweg gibt.

Unter diesen Vorzeichen waren sie in meine Praxis gekommen, der Erstbefund lautete auf Angststörung und Konzentrationsschwäche. Es war nicht schwer, daraus den inneren Konflikt eines kleinen Jungen zu entziffern.

Und genau dieser Konflikt wurde jetzt von der Mutter – ungewollt natürlich, aber irgendwie auch *ungehemmt* – einfach weitergeführt.

»Willst du das denn auch?«, fragt die Mutter bei jeder Gelegenheit. »Willst du auch zu Herrn Bergmann gehen? Willst du gern mit ihm üben?«

Natürlich war Bastian mit der ganzen Fragerei überfordert. Eine Antwort wusste er nicht. Er blickte hilflos zwischen seiner Mutter und mir hin und her. Er erwartete eine verbindliche Reaktion von den Erwachsenen, aber die blieb aus. Und ich? Ich war in Verlegenheit.

Ohne die Zustimmung, nein mehr, ohne die innere Verpflichtung einer Mutter oder beider Elternteile ist es schlicht sinnlos, eine psychologische Betreuung zu beginnen. Verpflichtungen kann man nicht erzwingen. Gleichzeitig erscheint es mir geradezu aberwitzig, einem achtjährigen Jungen die Entscheidung über sein weiteres schulisches Schicksal zu überlassen. Und warum dieses absurde Spiel? Doch nur, weil wir Erwachsenen nicht den Mut aufbrachten, ihm eine klare Entscheidung vorzugeben.

Angesichts seiner unüberschaubaren Zukunft und seiner verwirrten Seelenzustände war Bastian gleichermaßen hilflos und wehrlos – und aus seiner Wehrlosigkeit wurde ängstliche Wut. »Ich will überhaupt nicht, ich will auch nicht hier sein«, das war seine erste Reaktion, die, die am nächsten lag. Wie anders hätte er auch reagieren sollen? Seine Wut steigerte wiederum die Hilflosigkeit der Mutter. Ich konnte den Kreislauf der Verwirrung geradezu modellhaft beobachten, während die beiden vor mir saßen und zu keiner Entscheidung fanden. Die Hilflosigkeit der beiden wuchs aneinander, und das erlösende Wort stellte sich nicht ein.

In diesem Moment ließ ich meine psychologischen und methodischen Bedenken fallen. Ich stand auf, strich Basti über den Kopf und sagte: »Pass auf, wir beide lernen ein paar Stunden zusammen. Wir schauen mal, dass du dich genauso gut konzentrieren kannst wie die anderen Kinder in deiner Klasse. Wir werden das schon hinkriegen.« Basti schaute mich an. Es war gar nicht zu übersehen, dass in seinem Blick eine Hoffnung lag. Ich durfte sie nicht enttäuschen.

Ich fuhr fort: »Wir beide geben uns jetzt mächtig Mühe. Einverstanden? Wir werden die Schreibfehler in die Knie zwingen, wir kriegen das schon hin. Am besten, wir fangen gleich übermorgen an.« Es wäre natürlich viel besser gewesen, ich hätte »morgen« sagen können. Lange Zeiträume sind für Kinder nicht überschaubar. Aber »übermorgen« war schon verwegen. Der Terminkalender von Kinderpsychologen ist, wie jeder heutzutage weiß, mehr als gefüllt.

Ich war jetzt aber fest entschlossen, diesen kleinen, verängstigten und intelligenten Jungen aus seinem Dilemma herauszuziehen. Und letztlich kam es auf den Termin auch nicht an.

Entscheidend war der Klang meiner Stimme, die Entschlossenheit, die in ihr schwang, die Tatsache, dass eine Entscheidung getroffen wurde und damit Bastians kleine Schultern entlastet wurden. Bastian empfand es wie eine Befreiung.

Er lächelte. Er nickte. Er wusste auf einmal, was er wollte. Er wollte das, was ich ihm vorgegeben hatte. Er folgte seiner kindlichen Natur: ein wohlmeinender Erwachsener, der sagt, wo es langgeht, das ist, um es psychologisch zu sagen, ein »Identifikationsangebot«, dem ein kleiner Junge sich nur schwer entziehen mag. Über die Identifikation mit dem starken Erwachsenen kräftigt er seinen Willen, er weiß jetzt, was er will. Er spürt die Stärke, spürt die Stabilität, die ihm zuwächst und fühlt sich sicher dabei.

Kinder haben keinen Willen – sie haben Wünsche.

Wir haben auf vielfältige Weise gelernt, unseren Kindern »ihren Willen zu lassen«, aber Kinder haben gar keinen Willen. Der Wille wird gelernt. Kinder haben stattdessen Wünsche. Sie versuchen, wie alle Eltern wissen, ihre Wünsche auf vielfältige Weise durchzusetzen, mal lautstark, mal trickreich, mal charmant und manchmal einfach unverschämt. Aber einen stabilen Willen, der sozusagen ein beständiger Teil ihrer seelischen Verfassung ist, haben sie nicht. Er wird in späteren Reifungsphasen erworben, und manchmal, wie wir von vielen Erwachsenen wissen, sogar nie! Kinder folgen keinem Willen, sondern ihren sprunghaften Wünschen.

Die Wünsche lenken sie mal hierhin, mal dorthin, sie sind unstet und beweglich, lebendig und vielfältig, wie Kinder nun einmal sind. Aber Beständigkeit und innere Verlässlichkeit entwickelt man entlang der Kinder-Wünsche eben nicht. Beständigkeit ist eine erwachsene Tugend, Kinder lernen sie von Erwachsenen, vornehmlich von ihren Eltern. Und wenn ihnen dies, aus welchem Grund auch immer, verwehrt bleibt, dann werden sie bei dem vielen Wünschen und Wollen nur unglücklich.

Kindlichkeit hat nichts mit »individueller Freiheit« zu tun.

Letztlich ist alles ganz einfach. Man braucht keine komplizierten psychologischen Überlegungen dafür. Man muss nur verstehen, dass Kindlichkeit nichts mit unseren Erwachsenenvorstellungen von »individueller Freiheit« zu tun hat. Das sind ideologische Sätze. Für Kinder nicht geeignet. Aber zurück zu Basti.

Er wirkte, als er die Praxis verließ, überaus zufrieden. Er wusste, was er wollte, denn es war ihm gesagt worden. Er hatte die Hoffnung, dass er aus dem diffusen Dilemma, das ihn und seine Mama beschwerte, herausfinden würde. Es wurde ihm Hilfe angeboten, die kräftig und entschieden genug war, um ihm Hoffnung zu machen.

Nun stelle ich mir vor, wie Basti meine Praxis verlassen hätte, wenn wir ihn in seiner Hilflosigkeit allein gelassen hätten. Wenn er seinen »Willen« hätte durchsetzen können. Er wäre wahrscheinlich unschlüssig aus der Tür gegangen (»Ich überleg mir das noch einmal«), er wäre wieder ängstlich oder noch ängstlicher geworden, er wäre noch hilfloser gewesen, er hätte sich wahrscheinlich an seine Mama geklammert und vielleicht hätte er sogar das Gefühl gehabt, diesem erwachsenen »Herrn Bergmann« in letzter Sekunde entkommen zu sein. Vielleicht hätte er eine kleine Zufriedenheit gespürt bei dem Gedanken, seinen Willen durchgesetzt zu haben.

Aber in der Zufriedenheit hätte die alte Angst und die alte Unsicherheit weiter gewirkt, Basti wäre auf eine geradezu verzweifelte Weise allein gelassen geblieben, gerade deshalb, weil die Erwachsenen ihm seinen »freien Willen« gelassen hätten.

Ängstliche
und angepasste Eltern

Mir fällt immer wieder auf, dass es gerade die vermeintlich liberalen, die weichen und nachgiebigen Eltern sind, die so ganz auf Normen, auf »Das tut man doch nicht!«, auf die Anerkennung und Missbilligung ihrer Umgebung festgelegt sind. Gerade von ihnen sollte man doch das Gegenteil erwarten, ein bisschen mehr großzügigen, liberalen Geist, ein bisschen innere Unabhängigkeit … Also, das, was die Kids heute »cool« nennen! Aber das ist keineswegs der Fall.

Besuchen Sie einmal an einem Nachmittag ein Eiscafé. Ich habe schon erzählt, dass sich dort eine Menge äußerst unerzogener und unerträglicher Kinder herumtollen. Sie gehen den Erwachsenen gehörig auf die Nerven. Und, was viel schlimmer ist, sie gehen auch sich selbst auf die Nerven.

Gerade nachgiebige Eltern sind von der Anerkennung ihrer Umgebung abhängig.

Die Blicke der Eltern werden immer aggressiver, die der Erwachsenen an den benachbarten Tischen auch. Aber den Kindern wird diese Aggressivität, dieser offene Ärger (den sie sehr wohl verstehen könnten) nicht gezeigt. Stattdessen zeigen die Erwachsenen ihnen eine zur Grimasse erstarrte Freundlichkeit, ein Lächeln, das sanftmütig wirken soll und oft nur ein mühsam gebändigter Ausdruck von Aggressivität ist.

Auch die Eltern, die ihre Kinder derartig heil- und hilflos in der Gegend herumtoben lassen, haben einen merkwürdig widersprüchlichen Blick. Einen buchstäblich *un*-offenen Blick. Mir fällt immer wieder auf, wie viel Ängstlichkeit in diesem Blick mitschwingt.

Zum einen trauen sie sich nicht, ihre Kinder zur Vernunft zu rufen. Zum anderen gelingt es ihnen auch nicht, gegenüber ihrer Umgebung eine souveräne innere Haltung an den Tag zu legen. Das könnte man sich ja durchaus vorstellen! Ein liebevoller Vater, der einfach Spaß hat am Tollen und Herumkreischen seines Kleinen. Selbst wenn der Winzling der ganzen Welt empfindlich auf die Nerven geht – ihn, den beglückten Vater, kümmert das nicht. Er schaut liebevoll auf sein Kind und nimmt sonst nichts zur Kenntnis. Das wäre immerhin eine Haltung (zwar eine falsche, wie ich meine, aber eine menschliche), die man respektieren könnte.

Aber so verhalten sich die allermeisten Eltern leider nicht. Vielmehr ist es so, dass ihre Ängstlichkeit gegenüber den Reaktionen der Umwelt alles andere überschattet. Die erste Angst: »Nur nicht lieblos wirken.« (Das tut man doch nicht!) Und die zweite: »Was denken die Leute nur von meinem Kind?«

Dieses graue *man* – »Das tut *man* nicht!« – steht ihnen geradezu ins Gesicht geschrieben. Ängstlich schweift der Blick zu den anderen Tischen, dann zur Bedienung, die immer verdrossener wird, weil ihr die Kinder vor den Füßen herumhüpfen und jederzeit ein kleines Unglück provozieren könnten, hin und her gehen die Augen – nein, es sind keine liebevollen und beglückten Blicke, im Einklang mit einer klaren inneren Eltern-Haltung, die sich da offenbaren. Sondern unruhige, unsichere. Eingeschüchtert unter dem Diktat des *man* und leider unfähig, sich entweder dem *man* zu fügen – und die Kinder zur Ordnung zu rufen – oder sich ihm zu widersetzen – und den Kindern ihren Willen zu lassen.

Mit so viel Ungenauigkeit, so viel unklarer Haltung kommen die Kleinen nicht zurecht. Wen wundert das!

Aus solcher Eltern-Uneindeutigkeit entwickeln sich viele der kleinen Tragödien einer modernen Kindheit, die man überall beobachten kann. Mütter oder Väter, derartig eingeschüchtert, sind natürlich nicht in der Lage, gelassen und liebevoll mit den Kleinen umzugehen. Kein Mensch wäre dazu in der Lage. So kommt es unvermeidlich zu den kleinen Gereiztheiten, den winzigen, unauffälligen Lieblosigkeiten in den Gesten, in der Körperhaltung, im Klang der Stimme. Sie mögen noch so versteckt sein, die Kinder spüren sie sehr wohl, denn Kinder haben einen ausgeprägten Sinn für Details.

Man hat oft den Eindruck, als würden diese unkontrollierten, herumtobenden Kinder nicht wirklich geliebt. Vielleicht übertreibe ich, vielleicht tue ich den Eltern Unrecht! Aber achten Sie einmal darauf, mit welch hastigen Gesten die Kinder beim Aufbruch angekleidet werden, wie abrupt ihnen die Jacken übergezogen, die Mützen übergestülpt werden, wie die Türen aufgestoßen werden: Das alles hat etwas Kindfeindliches, etwas Wütendes an sich.

> Wenn es darum geht, die Kinder mit Hilfe von Medikamenten zu disziplinieren, versagt so manches elterliche Feingefühl urplötzlich.

In der kinderpsychologischen Praxis treffen wir solche elterlichen Verhaltensweisen wieder. Wie viele Eltern habe ich angetroffen, die durchaus bereit waren, ihrem überaktiven Kind ein risikoreiches chemisches Medikament zu verabreichen, regelmäßig, morgens und mittags, über Jahre hinweg, aber bei der Frage, ob sie streng seien, entrüstet den Kopf schütteln. Nein! Streng sind sie nicht, strafen könnten sie nie! Schläge? Oh Gott, nein! Überhaupt bevorzugen sie eine liberale Erziehung. Und wenn sie damit scheitern, dann gibt es ja immer noch die erlaubte Disziplinierung mit Hilfe der »Kinderpille«. Da versagt dann das Verständnis, das Feingefühl urplötzlich. Da rührt sich keine elterliche Besorgnis.

Kurzum, ich habe – vielleicht tue ich ihnen wirklich Unrecht – oft den Verdacht, als sei die überbetont liberale Kinderliebe mancher Eltern eher ein Ausdruck ihrer Konformität, ihres Anpassungswillens, ihrer *Überanpassung*, als Ausdruck einer innigen Beziehung zu den Kindern. Und so werden auch die Szenen in dem Eiscafé verständlich. Möglicherweise geht es manchen Eltern nur darum, in eifriger Anpassungsbereitschaft »allen alles recht zu machen«, dem liberalen Erziehungsideal zu folgen, gleichzeitig die Familienharmonie nicht zu gefährden und in der Öffentlichkeit nicht negativ aufzufallen – nur: Die Kinder fallen dabei unter den Tisch.

Und das ist buchstäblich gemeint: Überall kramen und kriechen sie herum, toben und sind rastlos, laut und auffällig, als müssten sie ihren Eltern ihre Gegenwart immer wieder aufzwingen, als müssten sie sich wieder und wieder bemerkbar machen – und hier, genau hier liegt mindestens *ein* Grund für die um sich greifende Überimpulsivität und Undiszipliniertheit so vieler Kinder.

Unsere Kinder »folgen« uns nicht

Wir wissen mit diesem Wort nur noch wenig anzufangen. »Nachfolge« – das klingt in unseren Ohren nach biblischer Geschichte. »Folgt mir nach«, sagte Jesus den Jüngern, aber das ist schließlich 2000 Jahre her. Zu jener Zeit galt die Vorstellung, die menschlichen Beziehungen befänden sich im Gleichklang mit den Beziehungen zu den Göttern. Die Wunder des Lebens waren noch nicht entmystifiziert.

Während nahezu eineinhalb Jahrtausenden abendländischer Kulturgeschichte gab es – wie zwischen Christus und den Jüngern – ein tiefes mystisches Geheimnis zwischen Vater und Sohn, es war im Glauben begründet. Der Sohn folgte dem Vater, er übernahm seinen Beruf, seine »Werke«, seine Moral. Er setzte die Geschichte der Familie fort. Wir können heute nur noch dunkel erahnen, wie dieses »mystische Geheimnis« in den Familien empfunden wurde. Ganz sicher schuf es zwischen Vater und Sohn und überhaupt zwischen Eltern und Kindern ein einigendes, stabiles Band.

Dies alles ist vorbei, geschichtlich überholt und ausgeräumt.

Mit der Aufklärung wurde das mystische Weltbild auf den Boden der Naturwissenschaften gestellt und in die Hand menschlicher Verfügung gegeben. Diese Entmystifizierung des Weltbildes bedeutete für die Menschen eine schockartige Neuorientierung, in gewisser Weise haben wir sie bis heute nicht vollständig verwunden.

Renaissance, Aufklärung und später die industrielle Revolution haben das kosmische Weltgefühl der Menschen beiseite geschafft und einen leeren, blind gewordenen Fleck in der Geschichte des Denkens hinterlassen. Besonders in den letzten zwei Jahrhunderten – in der Zeit der Mechanik, Industrialisierung, Automatisierung – wuchsen esoterische, oft skurrile Sektierereien heran, die man als Ersatz von Religion und mystischer Bindung verstehen muss. Nein, sie haben bei weitem nicht die Tiefe der alten Religionen, nicht ihre Weisheit und vor allem nicht ihre Menschlichkeit, aber sie weisen darauf hin, dass wir in unserer Kultur den metaphysischen Mangel nicht wirklich ausgleichen können. Er begleitet uns in allen Fasern des Lebens. Dies alles spielt in unsere aktuellen Familienbeziehungen hinein, wir kommen gleich darauf zurück.

Früher fühlte sich jedes Familienmitglied einer übergeordneten Idee von Familie verpflichtet.

In den Familien blieb die Idee der Nachfolge noch lange aufrechterhalten, wenn auch in säkularisierter Form. Noch mein Großvater ging wie selbstverständlich davon aus, dass sein ältester Sohn den Schuhmacher-Laden, den er in dem kleinen Dorf betrieb, übernehmen würde. Und so geschah es auch.

Da gab es das also noch einmal: Die Nachfolge vom Vater auf den Sohn, wie es über viele Generationen hinweg gewesen war. Ich habe als kleiner Junge bei den Besuchen im Haus der Großeltern noch erlebt, wie tief diese Idee der »Nachfolge« in die Beziehungen zwischen meinem Großvater und meinem Onkel, dem Ältesten, dann meinem Vater, dem zweiten Sohn, und seinen anderen Brüdern hineinwirkte.

Was war nun das Besondere, das für uns heute Uneinholbare daran? Es war wohl dies: Dass es in den Familien – selbst als die mystische Bedeutung schon verschwommen schien – nicht allein um die Beziehung zwischen zwei

Menschen oder mehreren Familienangehörigen ging, sondern immer zugleich um ein allgemeines, großes, generationenübergreifendes Gesetz. Es war tief in den Beziehungen und Bindungen verankert. In seinem täglichen Einerlei fühlte sich jedes Familienmitglied einer übergeordneten Idee von Familie verpflichtet und in ihr in gewisser Weise aufgehoben.

Beziehungen zwischen Menschen sind anfällig. Sie können gestört werden, sie können sogar zerbrechen und für viele Jahre auseinander fallen – um dann möglicherweise überraschend wieder aufgenommen zu werden. Menschliche Beziehungen sind instabil, wenig verlässlich, sie sind tausend Zufälligkeiten und tausendfacher Willkür unterworfen, und alle Beteiligten wissen das. Daraus erwächst eine große Unsicherheit.

Genau diese Unsicherheit, Ungewissheit prägt heute insgeheim die Verhältnisse zwischen den Ehepartnern und ebenso die Beziehungen zwischen Eltern und Kindern, Tag für Tag. Kein göttliches Gesetz waltet, keine übergeordnete Wertigkeit, keine Norm vermag eine so tiefe Bedeutung für sich zu beanspruchen, dass alle ihr wie selbstverständlich folgen. Das Verhältnis in den modernen Familien muss also immer neu austariert, immer neu ausgehandelt werden. Das ist mühsam, und mitunter überfordert es uns.

Herr Gordon predigt Vernunft

Unter diesem Diktum entstand einer der größten Bucherfolge der letzten Jahrzehnte, ich meine den Elternratgeber »Familienkonferenz« des Herrn Gordon. Ganze Therapieeinrichtungen und Fortbildungsinstitutionen verbreiten noch immer seine Banalitäten. Was Gordon sagte, war schlicht: Er stellte das Aushandeln der Interessen aller Familienmitglieder ins Zentrum seiner Ratschläge. Er sagte, jeder aufkommende Konflikt, jeder Streit und jede Aus-

einandersetzung müsse einfach auf der Basis der prakti-
schen Vernunft gelöst werden.

Nun ist das mit der Vernunft nicht so ganz einfach, das
wusste Gordon auch. Er fügte seinen Empfehlungen deshalb einige Tipps aus der Transaktionsanalyse hinzu – ich
gehe darauf nicht ein, es lohnt nicht – und kam dann wieder zu seiner zentralen Aussage. Im gleichberechtigten
Austausch zwischen Eltern und Kind, im freien »Diskurs«
von Interessen und Argumenten, gebe es keine Konflikte
mehr, oder nur solche, die man sofort gemeinsam bewältigen könne.

Wer Kinder hat, weiß, dass dies – bei allem Respekt vor
Mr. Gordons liberal-humaner Gesinnung – reiner Unsinn
ist. Kinder wollen nicht argumentieren, sondern ihre
Wünsche erfüllt bekommen. Sie bedienen sich mit äußers-
ter Raffinesse irgendwelcher Schmusereien, Schmeiche-
leien, oder helfen, wenn rein gar nichts wirkt, mit Wutausbrüchen nach. Aber vernünftige Argumente, in einer familiären Runde von Gleichberechtigten sind nun wirklich
nicht ihr »Ding«. Schon gar nicht, wenn diese Familien-
runde verräterischerweise auch noch »Konferenz« heißt.

> Familienkonferenzen sind ein Symptom
> für den Zustand familiärer Beziehungen – eine
> wirksame Hilfe sind sie nicht.

Konferenzen sind schon für intelligente Erwachsene eine
Zumutung. Kein cleveres, lebhaftes Kind würde freiwillig
daran teilnehmen. Trotzdem scheint Gordons formalde-
mokratische Familientherapie Millionen Eltern einzuleuchten. Sie kaufen und lesen. Warum? Gordon spiegelte
den haltlos gewordenen Zustand in den Familien getreu
wider. Er gab einer verborgenen Stimmung vieler Eltern
Ausdruck. Sie hatten und haben einfach das »Gefühl«, dass
sie eigentlich gar kein Recht dazu hätten, ihren Kindern
Vorschriften zu machen. Kein Recht, Verbote aussprechen,
gar Strafen austeilen. Ja, wer legitimiert sie denn dazu?

Sehen Sie, da ist sie wieder, die Leere, die das Zerfallen des mystischen Gesetzes über die Nachfolge hinterlassen hat: Kein göttlicher Wille stützt die Bindung zwischen Vater und Sohn und den Familienmitgliedern überhaupt, kein Gesetz waltet, keine übergeordneten Werte sind erkennbar (schon gar nicht *verinnerlicht*) – da scheint es doch nur konsequent, dass nun die reine, gleichberechtigte Vernunft in den Familien Einzug hält.

Nun, und Gordon versprach ja darüber hinaus, dass sein Vernunft-Rezept ein konfliktfreies Familienleben garantiere. In ihrer Ratlosigkeit fielen Millionen Eltern darauf herein. Mir ist keine einzige Familie bekannt, in der Gordons Familienkonferenz erfolgreich umgesetzt wurde. Sie ist ein *Symptom* für den Zustand der familiären Beziehungen. Eine Hilfe ist sie nicht.

Kinder fordern Strenge

Es liegt auf der Hand, dass unsere Kinder und unsere Jugendlichen mit formaler Gleichheit in den Familien weit überfordert sind. Wo sie keinen Halt finden, sind sie der Unbeständigkeit ihrer kindlichen oder pubertären Bedürftigkeiten ausgesetzt. Wenn keine Form, keine Regel mehr verbindlich (»überindividuell«) greift, um ihnen in diffusen und schwierigen Seelenzuständen den Weg zu weisen, dann laufen sie leicht in die Irre. Sie folgen dann dem, der ihre Wünsche wirksam mit seinen reklamehaften Verlockungen zu verknüpfen weiß. Sie werden nicht glücklich dabei.

Nebenbei bemerkt: In der modernen Medienwelt sind keineswegs nur Werbespots und Anzeigen Reklame, auch Madonna ist Reklame, jede Internet-Seite ist es, sogar Fußballspieler gehen ihrem Job als bewegliche Werbesäulen in einer »AOL-Arena« nach, die früher »Volksparkstadion« hieß, Schwarzenegger-Filme sind Reklame und Pokémons sind es auch – die ganze Freizeitwelt unserer Kinder, so scheint es manchmal, besteht aus nichts anderem als aus Versprechungen und Reklame. Sie wissen das selbst.

In zahllosen Umfragen und Erhebungen haben Kinder und Jugendliche ihren Wunsch nach Lenkung und Autorität zu Protokoll gegeben, vergleichen Sie dazu einmal die großen empirischen Untersuchungen, die als so genannte Shell-Studien alle zwei Jahren veröffentlicht werden. Ich selbst habe in Vorbereitung eines Vortrages auf einem liberalen Lehrerkongress meine 35 kleinen Patienten gefragt, was für sie ein guter Lehrer sei und was sie von ihren Eltern erwarteten. Die Antwort hat mich nicht überrascht, die Erziehungsprofis auf dem Kongress schon.

Strenge ist Schutz – wenn sie mit Gelassenheit und Großzügigkeit verknüpft ist.

Neben den üblichen Angaben (»Gute Lehrer kümmern sich auch um schlechte Schüler und sind gerecht«, »Gute Eltern lieben ihre Kinder«) erhielt ich auch diese Auskunft: »Gute Eltern, gute Lehrer sind streng.« Das Wort »streng« kam von ihnen, ich hatte es nicht vorgegeben. Alle sagten es, ohne Ausnahme. Sie wollen Strenge, denn in einer unübersichtlichen und zugleich zerstreut-verführerischen Medienwelt benötigen sie inneren und äußeren Schutz. Strenge ist Schutz – allerdings muss sie gelassen und großzügig sein, sie muss die Frische einer modernen, globalen Welt atmen und nicht den Spießergeruch früherer Jahre.

Neuerdings befürworten viele Jugendliche »Uniformen für Schüler«. Ihr Argument lautet, dass nur auf diese Weise dem Wahn der Markenklamotten Einhalt geboten werden könne – und tragen, während sie das sagen, irgendwelche Logos irgendwelcher Unternehmen breit auf ihrer Brust. Allein kommen Sie nicht gegen die medialen Wirkungsmächte an, sie wollen es vielleicht auch gar nicht (11- und 13- und 15-Jährige sind absolut nicht eindeutig in ihren

Meinungen und Gefühlen!), aber sie wollen und *fordern* gelegentlich, dass wir, Eltern und Lehrer, ihnen mit regelnder Vernunft den albernen Klamottenzwang abnehmen.

Ich werde im Verlauf dieses Buches weitere Beispiele aufzeigen, die deutlich machen, dass die Kinder einer Medienwelt durchaus begreifen, wie unübersichtlich ihre Welt ist und wie sehr sie gerade über ihre Wünsche, die sie meist durchsetzen, manipuliert werden – sie haben die Zusammenhänge längst verstanden, aber helfen können sie sich allein nicht.

Deshalb sage ich – entgegen der Lehrmeinung der offiziösen Erziehungswissenschaften und der allermeisten pädagogisch-psychologischen Ausbildungsinstitutionen: Vater und Mutter haben die Aufgabe, Halt zu geben und innere und äußere Ordnungen zu stiften. Das geht im wirklichen Leben nicht mit vernünftigen Argumenten und nicht mit einem freien Austausch von Interessen, es geht nur mit Autorität. Wir werden im Verlauf dieses Buches prüfen und zu erfassen versuchen, was darunter ganz konkret zu verstehen ist.

Oh ja, es wird uns schwer gemacht. Schwerer als allen Generationen vor uns. Eine als groß und bestimmend empfundene Idee wie die der Nachfolge gibt es nicht mehr. Keine Gottheit und keine Vernunft-Instanz über uns regelt die Ordnungen und stützt und legitimiert den Halt, den wir unseren Kindern geben sollen. Die großen Moral-Gesetze verschwanden im Nichts. Die Medien lenken menschliches Verhalten und Kommunikationen heute effektiver als Moralvorstellungen oder verinnerlichte Werte. Big Brother prägt Jugendliche nachhaltiger als Vorschriften aus dem bürgerlichen Moralkodex. Und wir Eltern? Worauf stützen wir uns?

Nun, wir haben in diesem eiligen, zerrissenen Strom der Gegenwart tatsächlich nichts als uns selbst. Dennoch haben wir gute Chancen, gegen die Macht der Medien, gegen den Lärm der viel versprechenden Werbungen, gegen die Körperbilder der Mode uns selbst, unsere Person und unser familäres Leben durchzusetzen und für unsere Kinder verbindlich zu machen. Ich werde später erläutern, warum ich in diesem Punkt so optimistisch bin. Aber vielleicht ist diese Herausforderung für viele Eltern tatsächlich eine *Über*forderung, und sie greifen begierig nach liberalen, beschönigenden Konzepten – und scheitern damit.

Die Idee der Nachfolge ist tot – und das ist gut so!

Natürlich war das Prinzip der »Nachfolge« ein autoritäres Prinzip. Die Person oder genauer, die *Personalität* des Kindes – des Sohnes im Wesentlichen – war im buchstäblichen Sinn des Wortes nicht gefragt. Seine Zukunft war fest- und vorgeschrieben. Der Wille des Vaters dominierte, der Sohn hatte sich zu fügen. Seine gesamte Lebensplanung war unter das Gesetz der Nachfolge gebeugt. Dies hatte mehr als eine dunkle Seite. Von den empfindsameren Söhnen ist dieser Zwang vielfach dokumentiert und einige Male literarisch gestaltet worden. *Michael Kramer* von Gerhart Hauptmann und *Unterm Rad* von Hermann Hesse sind solche literarischen Bewältigungsversuche.

Wir wissen, dass zahllose Sohnes- *und* Vatertragödien aus dem harten Nachfolge-Gesetz resultierten. Viele Söhne hatten andere Begabungen, andere und vielleicht bessere Talente und Ambitionen. Sie wollten nicht werden wie der Vater, sie wurden dazu gezwungen. Manche lehnten sich auf, und ihre Rebellion endete nicht selten in Katastrophen, die alle Familienmitglieder ergriffen; nicht zu vergleichen mit den recht betulichen Rebellionen, zu denen sich unsere Kinder in der Pubertät zeitweise aufschwingen (um spätestens vier Jahre später ermattet an den elterlichen Herd zurückzukehren). Na gut, ich bin ungerecht und überzeichne! Aber offenkundig ist es so, dass sowohl die Bezähmung des eigenen Willens unter dem Gesetz der Nachfolge wie die (seltenere) Rebellion dagegen eine enorme Bündelung seelischer Energien, eine innere Stärke forderte, wie sie die heutige Generation kaum mehr aufbringen könnte.

Nein, konfliktfrei und *leid*frei war das Gesetz der Nachfolge nie, es war ein hartes paternalistisches Gesetz. Gut also, dass es ausgeräumt ist. Gut auch, dass es das Patriarchat mit dieser Härte und Unerbittlichkeit des männlichen Machtanspruches seit mindestens einem halben Jahrhundert nicht mehr gibt. Spätestens die zwei Weltkriege, aus denen alle Männer, die Sieger und die Besiegten, geschlagen zurückkehrten, setzten dieser Epoche ein Ende.

Wir wollen uns also nicht missverstehen: Mir geht es nicht darum, die guten alten Zeiten zu verklären oder wieder heraufzubeschwören, sondern allein um Folgendes: Ich will die produktiven Seiten der vergangenen Familienwerte für einen Augenblick in Erinnerung rufen, um im Vergleich darzustellen, was uns heute verloren gegangen ist. Oft bemerken wir unsere Verluste ohne diese Vergleiche mit dem Vergangenen nämlich nicht. Die »gute alte Zeit« ist vorbei, und im Großen und Ganzen ist das gut so. Aber die neuen Zeiten, mit denen wir nun zurecht kommen müssen, haben auch ihren Preis. Gering ist er nicht!

Mit dem Erdrückenden ging auch der Schutz althergebrachter väterlicher Autorität verloren.

So sehr wir also verstehen, dass das Nachfolge-Gesetz die Individualität eines Sohnes – seine *Persona* – unterdrückte, so sehr spüren wir doch auch, dass es im Rahmen dieser Werteregel eine Gewissheit und Geborgenheit gab, an deren Spitze unverletzlich die väterliche Autorität thronte. Was haben wir an ihre Stelle zu setzen? Sie konnte erdrückend sein, aber sie konnte auch schützen. Das Erdrückende haben wir abgeschafft, der Schutz ist dabei auch verloren gegangen. Wie viel, müssen wir uns nun weiter fragen, können wir vom Schutz der alten Autorität unter den Bedingungen moderner Lebenswelten wieder herstellen? Und sei es, um unsere Kinder vor der fatalen Abhängigkeit von falschen »Beschützern« und »Autoritäten« zu bewahren, die an die Stelle der elterlichen Autorität getreten sind.

Früher bestand das Problem darin, dass der individuelle Wille des Kindes unter dem Nachfolge-Gesetz erdrückt werden konnte. Heute besteht das Problem darin, dass der individuelle Wille gar nicht recht ausgeformt wird. Die Kinder lernen früh, sich zu behaupten und durchzusetzen. Aber wann lernen sie, ihre Wünsche zu bedenken, ihr Wollen zu prüfen und möglicherweise darauf zu verzichten? Denn erst durch solche Entscheidungen wird ein heranwachsender Mensch souverän, auch sich selbst gegenüber. Wann lernen sie, ihren Willen zu begrenzen und dadurch freie und soziale Wesen zu sein? Unsere Kinder, um es pointiert zu sagen, lernen ihren Willen durchzusetzen, noch bevor sie überhaupt verstanden haben, was sie eigentlich wollen.

Sie lernen Selbstbehauptung, aber kein Selbstbewusstsein. Für all das nämlich bräuchten sie Eltern, die sich nicht vom Vater- und Muttersein verabschiedet haben. Eltern, die nicht zu Gehilfen rasch wechselnder Kinderwünsche und -begehrlichkeiten geworden sind.

Was wissen Eltern von der Zukunft?

Wir haben es nicht leicht – auch deshalb nicht, weil wir Eltern über die Zukunft unserer Kinder wenig wissen, weniger jedenfalls als alle Generationen vor uns. Selbst als das Gesetz der Nachfolge schon an Einfluss verlor, hatten Eltern und Kinder noch stabile Berufsbilder, Zukunftsbilder im Kopf. Auf diese hin mussten (und wollten) die Kinder gebildet und erzogen werden. Es war ja ihre Zukunft, und sie war im Großen und Ganzen bekannt.

Was ein Tischler war, das wusste man eben, und was ein Fabrikarbeiter war, auch, sogar unter der Tätigkeit eines Unternehmers oder Bankiers konnte man sich irgendwie etwas vorstellen. Das hat sich mit dem Beginn des Informationszeitalters geändert. Wir wissen wenig von der künftigen Berufswelt – vielleicht haben wir gehört, dass unser Kind höchstwahrscheinlich nicht einen, sondern mehrere »Berufe« lernen wird, dass Flexibilität »irgendwie« besonders wichtig sein wird, und dass ein junger Mensch sich darauf rechtzeitig einstellen sollte – aber was heißt das alles konkret? Wir lesen oft, dass die Zugehörigkeit (die Treue, sagte man früher) zu einzelnen Betrieben oder Verbänden oder Glaubensgemeinschaften keine Rolle mehr spielen wird, aber was wird das für den Alltag unserer Kinder praktisch bedeuten? Was wissen oder ahnen wir vom gesellschaftlichen Leben des Jahres 2020? Wir haben nicht nur die Verlässlichkeit der Traditionen verloren, sondern auch das Vermögen, uns die Zukunft konkret vorstellen zu können.

Und damit kommen wir zu dem abschließenden Punkt unserer Überlegung: Gerade in solchen Umbruchzeiten, in denen keine Tradition und keine Universalität unsere Erziehungsvorstellungen und -ideale festschreibt, niemand Ordnungen stiften und begründen könnte – gerade in einem solchen, biblisch gesprochen, »Tohuwabohu« können sich unsere Kinder auf nichts anderes verlassen, als auf die Werte und die Haltung ihrer Eltern. Sie haben nur uns.

> Das Einzige, worauf sich Kinder
> heute noch verlassen können, sind die Werte
> und die Haltung ihrer Eltern.

Wir werden im Folgenden sehen, wie sie von den Perfektionsbildern in den Medien überfordert, von den Lehrern und Schulen im Stich gelassen, von der Rasanz kultureller Veränderungen eingeschüchtert werden und zugleich fasziniert sind, wie sehr sie aus all diesen Gründen für leere Ideale und überlebensgroße Selbstbilder anfällig sind – und wie leicht sie falschen Propheten hinterherrennen. Verführbare Opfer, die sich selbst viel zu wenig kennen und überall in ihrer groß und weit gewordenen Welt nach dem suchen, was ihnen in den Familien versagt bleibt.

Familien bleiben das Zentrum, auch in Zukunft

Selten – vielleicht sogar nie – war in der Menschheitsgeschichte eine Elterngeneration so vielen Ungewissheiten ausgesetzt wie heute. Und trotzdem stimmt nicht, was viele Sozial- und Erziehungswissenschaftler erzählen. Sie behaupten, dass es »Kindheit« in dem uns bekannten Sinn heute schon kaum noch gebe und in naher Zukunft überhaupt nicht mehr geben werde. Sie sagen auch, dass die Bedeutung von Vater und Mutter schwindet. Ich glaube das alles nicht.

Ich meine zwar, dass Kindheit tiefgreifenden Veränderungen unterworfen ist. Ich sehe gemeinsam mit anderen Kinderpsychologen, dass Schule und andere Institutionen sich schwer damit tun, diese Veränderungen zu berücksichtigen. Kindheit wird sozusagen ortlos in unserer Gesellschaft, heimatlos.

Das gilt für die Psyche wie für die äußeren Gegebenheiten gleichermaßen. Kinder finden keinen Ort. Die alten Spielorte, die unkontrollierten Wälder, die Bolzplätze sind rar. Für die Stadtkinder existieren sie gar nicht mehr. An ihre Stelle sind trostlose Spielplätze getreten, die die Kinderfeindlichkeit der verantwortlichen Behörden und ihrer Berater nur schlecht kaschieren. Schule nimmt auf die veränderten Interessen der Kinder nicht die geringste Rücksicht, steigert aber den Leistungsdruck bis zur Unerträglichkeit. Für die vielen kleinen Abweichler, die überaktiven, die legasthenischen, die angstbehafteten Kinder gibt es nirgendwo Raum, außer in den Wartesälen der Kinderpsychiatrie. Das alles ist wahr. Kindheit hat sich zum Negativen verändert.

Aber daraus folgt eben nicht, dass Vater und Mutter überflüssig geworden sind. Es folgt genau das Gegenteil daraus. Sie sind buchstäblich »not-wendig«, vielleicht notwendiger als je zuvor. Sie sind eine der wenigen oder die einzige Instanz, in der unsere Kinder Heimat und Geborgenheit finden. In früheren Gesellschaften hatten Kinder Alternativen zur Familie, zumindest Refugien, Rückzugsorte. Ihre eigenen Orte der Kindheit. Alles verloren, alles unersetzlich (und nicht ersetzt)! Heute haben sie nur noch die Familien selbst. So viele Ungewissheiten und zugleich so viel Verantwortung lastet auf uns Eltern!

> Kindheit hat sich zum Negativen
> verändert – das heißt aber nicht, dass die Eltern
> überflüssig geworden sind.

Kinder und Jugendliche, die sich in ihren Familien wohl fühlen – »zu Hause fühlen« –, werden von ihren Altersgenossen beneidet. Sie alle wünschen sich solche Familien, solche Rückzugsmöglichkeiten der Geborgenheit. Da mag die Faszination von Techno-Nächten und Kinobildern noch so kräftig wirken, *diese* Sehnsucht können sie nicht zerstören. Im Gegenteil, sie beflügeln sie nur. Wer von den immateriellen digitalen Bildern im Kino und dem Wirbel der Effekte in den Discos, den Internet-Partys oder Techno-Nächten nach Hause kommt, sucht einen Ruhepunkt, einen Haltepunkt, *seinen eigenen Ort.* Anderswo als in der Familie gibt es ihn für unsere Kinder nicht mehr. Und in viel zu vielen Familien gibt es ihn auch nicht mehr.

Einer der Gründe dafür ist – ich werde es im Verlauf dieses Buches immer wieder sagen – die Selbstentmachtung, die Selbstabschaffung der Eltern. Ein Ruhepunkt ist Familie nur dann, wenn alle ihren Platz darin finden: Wenn alle ihren Platz darin *einnehmen*. Vater und Mutter und Kinder – und eben nicht nur das Kind. Familie ist kein privilegierter Ort für Kinder, er ist ein privilegierter Ort für die Einheit einer Gruppe von Menschen. Wenn ein Teil wegfällt, gerät das Ganze ins Wanken. Die Selbstabschaffung der Eltern wirkt sich verhängnisvoll aus. Sie erst vollendet die Heimatlosigkeit unserer Kinder. All dies könnte tatsächlich darauf hinauslaufen, dass es Kindheit, wie wir sie trotz allem heute noch kennen, in ein oder zwei Generationen nicht mehr geben wird.

Was wir unseren Kindern anzubieten haben

Wir haben eine ausufernde Wertediskussion. Selbst die Kanzlergattin forderte vor nicht allzu langer Zeit dazu auf, die Kinder zu Werten zu erziehen, sagte aber nicht so richtig, was sie damit meint. Wir denken jedenfalls sofort an soziale Werte, äußere Werte. Wir denken an Pünktlichkeit, Verlässlichkeit, lauter sinnvolle und vernünftige, aber eben nur rationale Dinge. Mir fällt in diesem Zusammenhang Folgendes auf: Wann immer ich mit Jugendlichen im Alter von dreizehn bis achtzehn Jahren über ihre Lebensvorstellungen rede, ihre Weltbilder, ihre Weltideale, bekomme ich keine Antwort. Ich stoße in ein großes, leeres Nichts. Ideale? Was soll denn das sein? Ideen und Ideale, die über ihr alltägliches Leben mit ein bisschen Spaß und einen oft diffusen Ehrgeiz hinausgehen, kennen sie nicht.

> Ideen und Ideale, die über ihr
> von Spaß geprägtes Leben hinausgehen,
> kennen heutige Kinder nicht.

Ich habe gestern eine fünfzehnjährige Patientin gefragt: »Du quälst dich die ganze Zeit damit ab, dass Leute etwas von dir verlangen. Deine Eltern verlangen etwas, die Schule verlangt etwas, dir gefällt das alles nicht. Das sehe ich ein. Ich kann dich gut verstehen. Aber was willst *du*?« Die Antwort fiel dürftig aus, obwohl es sich um ein ausgesprochen intelligentes und begabtes junges Mädchen handelte. Was will ich? Darauf kommen eigentlich nur Ant-

worten wie: Am Wochenende länger zur Disco gehen, frei
im Internet chatten, weniger Schule oder eine ganz andere Schule oder überhaupt ein anderes Leben. Das war es
dann schon!

»*Oder überhaupt ein anderes Leben.*« Das ist immerhin
ein Hinweis darauf, dass diese Kinder und Jugendlichen
eine tiefe innere Leere spüren. Sie können sie nicht füllen,
können sie deshalb auch nicht benennen. Aber sie fühlen
offenkundig, dass ihnen etwas fehlt. Da findet sich kein
benennbarer Inhalt des Lebendigen, der angestrebt wird
und, wenn er erreicht ist, das Leben sinnvoll macht. Schon
mit der Vokabel »sinnvolles Leben« können sie kaum etwas anfangen.

> Mit der Vokabel »sinnvolles Leben«
> können heutige Kinder kaum etwas anfangen.

Es ist ein konservatives Klischee und trotzdem wahr: In
unserer Medienkultur ist alles Lebendige und Seelische
extrem »veräußerlicht«. Erfolg und »good looking«, »gut
rüberkommen« und Spaß haben, die Visionen aus dem
Big-Brother-Container, das war es dann schon, zu mehr
sind diese Kinder und Jugendlichen kaum in der Lage.
Oder anders gesagt: Mehr und Besseres haben wir ihnen
nicht beigebracht. »Wozu lebe ich? Wozu bin ich überhaupt auf der Welt? Was ist der Sinn, der Kern meines Daseins?« Solche Fragen interessieren sie schon, aber sie können wenig damit anfangen. Sie sind so ungeübt im Nachdenken, kein Schulunterricht und kein Elternhaus hat sie
je darin unterstützt.

Und sie fühlen sich unwohl, wenn sie nicht gut trainiert
sind.

Diese Kinder laufen ja immer trainiert und wohl vorbereitet durch das Leben. Hier stoßen sie auf etwas, das sie
durchaus berührt, elementar berührt und ratlos lässt. Als
erste Reaktion weichen sie aus. Man muss sie schon anleiten und immer wieder ermutigen, auch einmal mit ande-

ren Kategorien als der »Self-Performance« (»Wie komme ich gut an?«) über sich nachzudenken. Auch einmal anders in den Spiegel zu blicken als nur mit der Frage im Gesicht: »Sehe ich eigentlich gut genug aus?«

Weit mehr als zwei Jahrtausende hat die Menschheit mit den Fragen nach dem Sinn ihrer Existenz gerungen – in unserer Gegenwart verblassen diese Fragen und erscheinen nichtig. Sie tauchen im öffentlichen Leben gar nicht mehr auf. Unsere Kinder werden mit ihnen nicht konfrontiert. Und das heißt: Unsere Kinder werden von sich selbst abgelenkt.

Was dies mit Autorität zu tun hat? Aber das liegt doch auf der Hand. In den Zen-Geschichten kann man von Meistern erfahren, die mit ihren Schülern streng verfahren. Streng ist gar kein Ausdruck! Sie behandeln ihre Schüler geradezu rücksichtslos. Sie bestrafen sie. Und zwar nicht nur, wenn sie faul und ziellos sind oder sonstige verwerfliche Eigenschaften zeigen. Sie bestrafen sie sogar, wenn sie nicht auf der Höhe ihrer eigenen Möglichkeiten sind. Eine Geschichte erzählt von einem Meister, der seinen Schüler wegen einer falschen Frage so lange prügelte, bis dieser die richtige Frage stellte. Die Frage selbst, fand der Meister, entsprach nicht den geistigen Fähigkeiten dieses Schülers. Er blieb hinter sich selbst zurück, er ging sich selbst verloren. Die Antwort des Meisters war rabiater Zwang.

Dieser Zwang lenkte nicht auf abstrakte Aussagen und Lehrsätze. Es galt nicht, irgendwelche Regeln der buddhistischen Lehre nachzuplappern. Solche äußeren Formen des Lernens trifft man im Buddhismus nicht an. Es ging um die innere Wahrheit, die diesem Schüler fehlte und die er *an sich selbst* versäumte. Der Meister wollte dies nicht dulden, er tat es erkennbar um des seelischen Lebens seines Schülers willen. Der Schüler lehnte sich auch nicht auf, er suchte, er rang um das richtigere Denken. Keinen Millimeter Raum ließ ihm der Meister, um von sich selbst und seiner Anstrengung abzulassen.

Diese Autorität erwuchs aus nichts anderem als aus den elementaren und existenziellen Fragen, die ein Mensch sich selbst stellt und die ein Mensch nur für sich selbst beantworten kann. Das ist ein anderes Wissen als das formale leere Schulwissen, das wir unseren Kindern aufzwingen. Es ist auch eine ganz andere Art von Zwang. Ein Zwang, der ein Kind nicht von sich selbst weg-, sondern zu sich selbst hinführt.

Solange wir unseren Kindern nichts anderes anzubieten haben als Big-Brother-Container-Tugenden, werden wir als Autorität ausfallen.

Nur dort, wo die großen Menschheitsfragen in einem Kind drängend werden, wird es auch nach der Autorität suchen, die es lenkt. Wohin lenkt? Ich habe es eben gesagt: zu sich selbst. Solange wir Erwachsenen aber, wir Mütter und Väter und Lehrer, unseren Kindern nichts anderes anzubieten haben als eine Big-Brother-Container-Welt mit Big-Brother-Container-Tugenden, werden wir als Autorität wohl ausfallen. Möglicherweise für immer!

Anmerkungen zum Beratungs-Boom in der Kinderpsychologie

Alle paar Jahre wird, um ein griffiges Bild zu bemühen, »eine neue Sau durchs Dorf getrieben« – das ist in der Pädagogik nicht anders als in der Boulevard-Presse. Mal taucht das eine, mal das andere Thema auf, wird heiß diskutiert und wieder ad acta gelegt. In den Achtzigerjahren hatten wir eine derartige Diskussionsschwemme zum Thema Legasthenie. Damals waren alle Schulpädagogen und Schulpsychologen fest davon überzeugt, dass die zunehmende Rechtschreibschwäche nur mit einem einzigen Problem zu tun habe: der so genannten zentralen Fehlhörigkeit. Das klang schon ziemlich imponierend, kein Elternpaar konnte sich etwas Vernünftiges darunter vorstellen; so hatten die Psycho-Experten in Sachen Kindererziehung wieder einmal ihr Revier behauptet. Daraufhin wurden Studiengänge eingerichtet, so genannte Logopäden ausgebildet, logopädische Praxen sprossen wie das Grün im Frühjahr aus dem Boden, und dann kam eine neue Mode auf: das so genannte lautanalytische Verfahren (klingt auch überzeugend, nicht wahr?). Es erwies sich als sinnvoll, aber eben nur als begrenzt sinnvoll. Die Wirklichkeit war wieder einmal viel komplizierter und komplexer, viel bunter und lebendiger, als die Psychologen auf den universitären Lehrstühlen es sich hatten träumen lassen. Inzwischen weiß man, dass das Sehen bei den Legasthenikern eine ebenso große Rolle spielt wie das Hören, auch das ist keine ganz überraschende Erkenntnis, jedenfalls nicht für normale Eltern, sehr wohl aber für die

Schul- und Lernpsychologie – sie hat inzwischen auch dazu Theorien entwickelt.

Was in den Achtzigerjahren das Lesen und Schreiben war, ist heute die Konzentrationsfähigkeit, die Aufmerksamkeit. Eine neue Sau wird durchs Dorf getrieben – diesmal heißt sie ADS, Aufmerksamkeits-Defizit-Syndrom, wahlweise auch ADD, Attention-Deficit-Disorder (mit oder ohne Hyperaktivität). Die Begriffe sind aufwändig, aber wie bei der Legasthenie, so empfiehlt es sich auch in diesem Fall, zunächst einmal eine schlichte und vergessene Alltagseinsicht festzuhalten. Sie lautet: Entweder ist die Fähigkeit zu Aufmerksamkeit und Konzentration tief in die Vielfalt des kindlichen Lebens eingebunden, wird an tausend und mehr Einzelheiten des täglichen Daseins geübt und wieder geübt, wird auf diese Weise Teil des kindlichen Charakters, oder sie entwickelt sich eben nicht. Und wo sie sich nicht entwickelt, da ist sie auch durch lernpsychologische oder verhaltenstherapeutische Übungen nicht herzustellen.

Diskutierte in den Achtzigerjahren alle Welt über Legasthenie, so ist heute ADS in aller Munde.

Aber genau das ist es, was Kinderpsychologie und Kinderpsychiatrie mit Eifer versuchen. Wieder – wie beim Thema Legasthenie – werden Testbögen erstellt, damit eine präzise Diagnostik möglich ist (als ob kontrollierte Umschreibungen von Verhaltensmerkmalen dem lebendigen Selbst eines Kindes auch nur annähernd gerecht werden könnten), wieder werden therapeutische Methoden entwickelt, und wieder werden reihenweise empirische Studien mit reihenweise voraussehbaren Ergebnissen veröffentlicht, die sich dann allesamt vor der Wirklichkeit kräftig blamieren.

Dabei dürfen wir aber nicht übersehen, dass die »Mode« keineswegs zufällig ist. Das war auch bei der Legasthenie nicht der Fall. Man hatte damals in Schulen und anderen

Bildungsinstitutionen, auch in der Kinderpsychiatrie und in den Beratungsstellen gemerkt, dass das Lesen und Schreiben immer unsicherer wurde. Man merkt heute (es ist ja auch gar nicht zu übersehen), dass das soziale Verhalten, die Fähigkeit zur Konzentration und Ähnliches bei den Kindern rapide nachlässt. Besonders in den Schulen wächst sich dies zur Katastrophe aus. Und wieder versucht man, dieser Entwicklung mit relativ bürokratisierten, eng umschriebenen Methoden Herr zu werden. Es wird wieder nicht gelingen.

> Es ist nicht zu übersehen, dass die Konzentrationsfähigkeit unserer Kinder rapide nachlässt.

Es *kann* gar nicht gelingen, weil dieser Art Methodik immer eine übermäßige Reduzierung von Komplexität zugrunde liegt. Aber ein Kind kann man nur dann beeinflussen, wenn man seine Komplexität in die pädagogische Betreuung aufnimmt, man kann ihm *nicht* helfen, wenn man seine Komplexität einzugrenzen oder zu reduzieren versucht. Eben dies geschieht beispielsweise in den verhaltenstherapeutischen Modellen, die zur Zeit auf den Markt sind. Mit ein paar Tricks und einem relativ begrenzten Einfallsreichtum versucht man, entlang einiger lernpsychologischer Grundsätze das Verhalten umzulenken. Eine Übung besteht darin, dass man gemeinsam mit einem Kind bei jeder Aufgabe mitspricht, erst laut, dann immer leiser: »Stopp! Ich denke nach. Habe ich die Aufgabe verstanden? Ich konzentriere mich, löse meine Aufgabe Schritt für Schritt. Ich habe es gut gemacht.«

Loben ist immer gut, Selbstlob auch. Aber das entscheidende Manko liegt in der Anweisung »Schritt für Schritt«. Unsere Kinder wachsen in eine Wirklichkeit hinein, die hochkompliziert ist, in der sich ununterbrochen disparate, also sehr unterschiedliche Vorgänge *gleichzeitig* ereignen. Als Folge entwickeln die Kinder in der modernen Welt andere Arten der Wahrnehmungen als frühere Kin-

dergenerationen. Sie entwickeln disparate Wahrneh-
mungsmuster. Sie müssen es auch tun, anders könnten sie
gar nicht überleben.

> Heutige Kinder entwickeln
> disparate Wahrnehmungsmuster, die ihrer
> disparaten Umwelt entsprechen.

Stellen Sie sich einmal vor, Sie würden entsprechend der
Anweisung »Schritt für Schritt« und der zusätzlichen Anweisung »Konzentriere dich immer nur auf einen Punkt«
versuchen, eine viel befahrene Kreuzung zu überqueren.
Nun, was würde passieren? Sie würden es höchstwahrscheinlich nicht überleben! Diese Konzepte kommen aus
weltfremden Bastel- und Diskutierstuben, sie sind nicht
wirklichkeitstauglich. *Natürlich* nehmen die modernen
Kinder, ob hyperaktiv oder nicht, immer sehr unterschiedliche Dinge gleichzeitig wahr, natürlich stehen die
vielfältigen gleichzeitigen Dinge in keinerlei Zusammenhang, sind nicht zu ordnen. Natürlich müssen sie hundertmal am Tag und öfter intuitiv und sehr schnell reagieren, meist auf zwei oder drei sinnliche Informationen
gleichzeitig. Wenn Sie die verzögerte Reflexion »Ich tue es
Schritt für Schritt« einschalten, kommen Sie immer um
die entscheidenden Sekunden zu spät. Im Ernstfall endet
das tödlich.

Dasselbe gilt – um ein milderes Beispiel zu wählen – für
Computerspiele. In ihnen wird fortwährend trainiert, was
das tägliche Leben eines Kindes auch in der realen Welt
ausmacht: Gleichzeitigkeit, Überraschendes von allen Seiten, schnelle flexible Reaktionen, kurzum, genau das
Gegenteil von »Schritt für Schritt« und »Konzentration
auf eine Sache«. Wer den lernpsychologischen Anweisungen folgte, sie gar *verinnerlichte*, hätte beim Computerspiel nicht den Hauch einer Chance. Er würde abstürzen,
bevor er richtig begonnen hat. Die anderen Kinder würden ihn auslachen.

Nun überlegen Sie einmal, wer in der modernen Kinderwelt wohl bessere Karten hat – der verhaltenslenkende Therapeut mit seiner »Schritt für Schritt«-Anweisung oder das Computerspiel? Inzwischen sind neuere Untersuchungen auf dem psychologischen Markt, die den Verdacht bekräftigen, dass der Effekt derartiger verhaltenstherapeutischer Bemühungen (sie umfassen knapp zwanzig Stunden, die Krankenkassen erstatten die Kosten) gleich Null ist. Immerhin schaden sie nicht, das ist ja auch schon etwas.

Nun müssen wir freilich gewaltig aufpassen, dass wir das Kind nicht mit dem Bade ausschütten. Denn das Aufmerksamkeits-Defizit-Syndrom ist durchaus ein brennendes Problem. Der Mangel an Aufmerksamkeit, der Verlust an Konzentrationsfähigkeit und wohl auch der Verlust an sozialem Verhalten ist in der modernen Kindheit ein übergreifendes kulturelles Phänomen, mit dem wir uns gründlich auseinander setzen müssen. Man kann es aber wohl nicht so eingrenzen, wie dies eine Diagnostik nach medizinischem Vorbild gern täte.

Das macht die Sache nicht einfacher. Offensichtlich handelt es sich bei ADS um ein ganzes Symptombündel als Resultat eines schwer überschaubaren Entwicklungs- und Umwälzungsprozesses moderner Gesellschaften.

Offensichtlich spiegelt ADS den unüberschaubaren Umwälzungsprozess einer modernen Gesellschaft wider.

Selbst die Frage, ob ADS in seiner »weichen« Form mittlerweile so viele Kinder und Jugendliche ergriffen hat, dass man kaum noch von *Abweichung* sprechen kann, ist schwer zu beantworten. Handeln muss man trotzdem! Das ist das Grundproblem, vor dem Wissenschaftler, Pädagogen und Psychologen – Lehrer ebenso wie Kinderpsychiater – stehen, wenn sie der modernen Zerstreutheit und Nervosität auf die Spur kommen wollen.

Es ist auch durchaus sinnvoll, die reichen Erkenntnisse der Lernpsychologie dabei zu Hilfe zu nehmen. Nur müsste – jetzt sofort! – allerorts, in Fortbildungsinstitutionen, freien Praxen und universitären Forschungeinrichtungen, immer im engen Verbund mit Familien, das kreative und freie Denken darüber beginnen, wie man die Einsichten einer modernen Psychologie mit dem neuen Problem der »hyperaktiven Kinder« sinnvoll in Verbindung bringt. Hundert und mehr Ideen müssten auf den vielen Tagungen und Kongressen und in den unzähligen Publikationen, die im Umlauf sind, zusammengetragen werden – immer mit einem wachen Auge auf die Berichte der Familien, der Kinder und ihrer Freizeitwelt. Und jeder Berater, Lehrer oder Kinderpsychologe müsste sich das aus der Fülle der Einfälle heraussuchen, was zu ihm und seiner Art, mit Kindern Beziehungen aufzunehmen, passt.

Viele Therapieprogramme laufen
ins Leere, weil sie nicht auf das komplexe Leben
der Kinder zugeschnitten sind.

Nichts davon geschieht. Stattdessen gibt es relativ schematische, relativ begrenzte, relativ einfallslose und grau gestrickte Therapieprogramme, von denen sich das eine oder andere im wissenschaftlichen Diskurs schließlich durchsetzt – aber warum gerade dieses und nicht ein anderes, ist hinterher nicht so recht auszumachen! Der Rest der Professoren und Psychologen, der Studenten und Lehramtskandidaten lernt daraufhin das Therapieprogramm, beziehungsweise Teile davon, auswendig. Und dann wird es den Kindern übergestülpt wie ein alter Eimer. So geschieht es in den psychologischen Praxen und Kliniken, auf vergleichbare Weise in den Klassenräumen und bei Familien- oder Erziehungsberatungen. Das alles funktioniert natürlich nicht.

Die Krux besteht darin, dass man das komplexe Leben der Kinder auf einen minimalen Nenner zu reduzieren versucht. Die Kinder lassen sich das nicht gefallen. Sie lernen nichts dabei, sie verkümmern nur. Das spüren sie und setzen sich zur Wehr. Die Psychologen ihrerseits entwickeln aus der kindlichen Abwehr einen weiteren Untersuchungsgegenstand, publizieren ihre neue Idee und diskutieren sie auf einem Kongress. Oder sie entwickeln empirische Settings, die den Erfolg ihrer Methodik a priori garantieren, und präsentieren ihre Ergebnisse mit Hilfe bunter Folien stolz auf irgendwelchen Tagungen. Sie vertrauen darauf, dass ohnehin keiner genau hinsieht.

Irgendwann gibt es dann wieder andere Folien und Grafiken mit ganz anderen Ergebnissen, und dann gerät das Ganze in Vergessenheit. Wie gesagt, alle paar Jahre wird eine neue Sau durchs Dorf getrieben. Bis dahin hat der eine oder andere längst seine Karriere damit gemacht.

Was wirklich hilft

Worauf ich hinaus will, ist weniger eine Kritik wissenschaftlicher Institutionen, sondern die Verbreitung einer einzigen Erkenntnis: Wenn ich möchte, dass mein Sohn sicher und flüssig lesen und schreiben kann, dann muss ich Lesen und Schreiben zu einem wichtigen Bestandteil seines täglichen Lebens machen. Wenn ich möchte, dass meine Tochter sich aufmerksam und konzentriert mit Dingen auseinander setzt, dann muss ich Aufmerksamkeit und Konzentration zu einem wichtigen Teil ihres täglichen Lebens machen. Eine Alternative dazu gibt es nicht.

Damit verlagert sich die wesentliche Verantwortung (und Bedeutung) für die Entwicklung der Kinder wieder weg von den Experten, den Lehrern, den Beratern, den Psychologen zurück zu den Eltern, wo sie hingehört.

Nur die Eltern haben die Chance, mit ihrem Kind im täglichen Vielerlei dem Lesen und Schreiben jene Bedeutung zu geben, die es haben sollte. Nur die Eltern können aufmerksame Konzentration auf ein Ziel vorleben und mit dem Kind gemeinsam erleben, und das nicht nur einmal, sondern tagtäglich mehrmals. So häufig, dass sie zu einem Teil des kindlichen Charakters wird.

> Alle Psychologenkunst versagt,
> solange die Eltern kein beruhigender,
> orientierender und lenkender Faktor sind.

Natürlich gelingt mir dies nicht, wenn ich das Leben meines Kindes an mir vorüberziehen lasse wie eine Regenwolke. Wenn ich einfach betrübt zusehe, wie mein Kind von einem Wunsch zum nächsten springt und hinterher nicht mehr weiß, wo ihm der Kopf steht. Wenn es den Rest des Tages vor irgendwelchen Fernsehapparaten zubringt, in denen auch ständig irgendetwas Neues und nie etwas Wichtiges passiert. Wenn ich, mit anderen Worten, im Leben meines Kindes kein beruhigender, orientierender und lenkender Faktor bin. Dann kann ich meine Kinder zu hundert Psychologen schleppen und tausend verhaltenslenkende Übungen durchexerzieren. Helfen wird nicht eine einzige. Dann kann ich mein Kind zu hundert Legasthenie-Therapien treiben und alle Übungsaufgaben solide und redlich kontrollieren, Lesen und Schreiben in einem tieferen Sinn lernt es doch nicht. Nein, Vater und Mutter sind das Zentrum – ein anderes gibt es nicht! Vater und Mutter ordnen, oder sie ordnen eben nicht. Vater und Mutter lesen, oder sie lesen eben nicht. Vater und Mutter behaupten sich selbst mit all ihren Eigenschaften, Stärken und Fehlern als prägender Faktor im Leben eines Kindes. Oder sie tun es eben nicht.

Es ist schon ganz gut, dass es immer wieder einmal pädagogische Moden gibt. Sie lenken, wie gesagt, die Aufmerksamkeit auf eine Besorgnis erregende Entwicklung innerhalb der Kinderkultur. Aber bewältigen können sie diese Entwicklung nicht, tausend Diskussionen in Zeitungen und Talkshows werden nichts zur Lösung kindlicher und erzieherischer Probleme beitragen. Dies können allein die Eltern. Sie tun es, wie gesagt, oder sie tun es nicht. Die Verantwortung liegt allein bei ihnen, niemand kann sie ihnen abnehmen.

02

Alltagserfahrungen: Eltern-Kind-Beziehungen auf dem Prüfstand

Was Franz auf dem Dorf lernte – ein Fall von natürlicher Autorität

Der Durchbruch kam in den Ferien. Es war höchste Zeit! Franz war in den Wochen und Monaten zuvor in der Schule aufgefallen. Er war immer schon ein wilder Junge gewesen, jetzt wurde er gewalttätig. Bei den geringsten Anlässen schlug er zu. Jedes Mal fand er eine Begründung, eine Ausrede. Jedes Mal war der andere im Unrecht, jedes Mal war der andere der Böse, Franz wehrte sich immer nur. Natürlich nahmen ihm die Lehrer das nicht ab. Und die Eltern schließlich auch nicht mehr.

Dass die anderen schuld sind, das konnte doch nur eine Ausrede sein, oder? Niemand kam auf die Idee, dass für Franz selbst eine unumstößliche Wahrheit war, was alle anderen für Gerede hielten. Franz sah sich tatsächlich von Angreifern umzingelt, er fühlte sich provoziert, mitunter sogar verletzt. Er glaubte, sich einfach zur Wehr setzen zu *müssen*. Er hatte gar keine andere Wahl. In der Kinderpsychologie würde man sagen: Ihm fehlte die Realitätseinsicht. Ihm fehlte auch der Zugang zu einer vernünftigen Wahrnehmung seiner Selbst. Irgendetwas in Franz stolperte auf eine Katastrophe zu.

Die Lehrer waren ratlos, die Eltern auch. Ja, ja, es stimmte schon, wild war Franz immer gewesen. Wenn er seinen Willen nicht bekam, warf er sich auf den Boden und brüllte wie ein Zweijähriger. Irgendwie war er nie ganz aus dem Trotzalter herausgekommen. Mit fünf nicht und mit acht auch nicht, mit zehn noch immer nicht. Eigentlich war der kleine Franz ein ganz verträglicher Junge, von den Wutanfällen abgesehen. Eigentlich kam er mit anderen Kindern ganz gut klar, abgesehen von gelegentlichen Raufereien, aber wo gab es die nicht? Was die Eltern nicht wahrnehmen wollten und die Lehrer nicht wahrnehmen konnten, war dies: Die Entwicklung von Franz war von früh an konsequent auf eine Lebenssituation zugelaufen, die schließlich in innerer und äußerer Gewalt ihren Ausdruck fand.

Natürlich, einem Siebenjährigen sieht man Wutanfälle nach. Sie verebben ja auch schnell. Die anderen Kinder gehen dann in Deckung, sie legen sich mit einem wütenden Knaben nicht gern an. Wenn Franz nach der Schaukel riss, auf die ein anderes Kind Anspruch hatte, dann gab das andere Kind eben nach. Mitunter gab es kleine Raufereien, wie gesagt. Aber bei den unter Zehnjährigen verlaufen sie in der Regel relativ unproblematisch. Nach fünf Minuten ist alles wieder vergessen.

Aber nun war Franz zwölf Jahre alt geworden, die Konflikte wurden nicht mehr so schnell beigelegt. Die anderen Kinder im frühpubertären Alter gaben auch nicht mehr nach. Früher gab es immer nur das massive Bedürfnis von Franz, seine Wünsche auf jeden Fall durchzusetzen. Jetzt trafen zwei pubertäre »Ich« aufeinander. Zwei Willen zur Selbstbehauptung prallten gegeneinander. Der Klügere gibt in einer solchen Situation vielleicht einmal nach, vielleicht zweimal, dann aber nicht mehr. Franz gab nie nach.

Er wusste einfach nicht, wie das geht. Er hatte – psychologisch gesprochen – nie gelernt, das Nachgeben in sein »Selbstkonzept« zu integrieren. Nachgeben erschien ihm als Zumutung, als Anfeindung. Dass es berechtigt sein könnte, kam ihm gar nicht in den Sinn. So kam es, wie es kommen musste: In der Klasse und auf dem Pausenhof gerieten die Kinder immer häufiger mit Franz zusammen. Er wurde zum gewalttätigen Außenseiter, einer, mit dem keiner etwas zu tun haben wollte. Die anderen Jungen fürchteten ihn, manche bewunderten ihn vielleicht heimlich.

Auf diese Bewunderung hatte es Franz zunehmend abgesehen. Eine andere Anerkennung sozialer Art erhielt er
ja gar nicht mehr. Damit war die Spirale der Gewalt um eine Drehung höher geschraubt.

Wenn man nun, wie die zuständigen Lehrer und ein zu
Rate gezogener Schulpsychologe es taten, einfach auf das
Ergebnis, auf die aktuelle Konfliktsituation starrte, konnte man beim besten Willen die Logik dieser Entwicklung
hin zu den Gewalttätigkeiten nicht verstehen. Sie konnten
Franz deshalb nicht helfen. Und die Eltern drückten beide Augen fest zu, teils aus Scham, teils aus Hilflosigkeit
und wohl auch aus dem dunklen, aber uneingestandenen
(und deshalb *unverstandenen*) Gefühl, Fehler gemacht zu
haben. Darüber wurde aber nicht gesprochen.

> Kinder, die das Nachgeben nicht lernen, sind auf
> dem besten Wege, Außenseiter zu werden.

Und weil sie nicht darüber sprechen und auch nicht nachdenken wollten, teilten die Eltern in gewisser Weise die
Weltwahrnehmung von Franz: Alle anderen waren ihm
übel gesonnen, die Lehrer auch, der Psychologe ohnehin,
allen wurde immer Recht gegeben, nur Franz nicht. Franz
war eben der Sündenbock! Diese Interpretation der Eltern
verstärkte die Gewaltneigung ihres Sohnes natürlich. Das
war dann eine weitere Drehung der Spirale.

Ein engagierter Vertrauenslehrer versuchte eine Art
psychologische Behandlung. Er bezog sich dabei auf die
themenzentrierte Interaktion, eine therapeutische Methode, die in den frühen Achtzigerjahren eine gewisse Po-
pularität hatte. Mit Hilfe dieser Methode versuchte der
engagierte Mann, Franz und die anderen dazu zu bewegen, ihre tatsächlichen Absichten, ihre innersten Inten-
tionen zu formulieren. Sie sollten dadurch erkennen, dass
ihre Auseinandersetzungen, ja Feindseligkeiten einfach
nur darin bestanden, dass sie unterschiedlichen *Themen*
folgten. In einem weiteren Schritt wollte er versuchen, aus

den verschiedenartigen *Themen* ein gemeinsames Ge-
samtthema herauszufiltern, über das man sich in offenen
Gesprächen verständigen und einigen könnte. Das ging
natürlich völlig schief. Franz hatte kein Thema, Franz hatte auch keine bewussten Absichten. Franz hatte nur einen
ungeübten, ungelenkten Willen (und viel Kraft).
   Dieser Wille war viel zu selten auf ein klares Ziel gerich-
tet, eben *weil* er ungeübt war. Sein Wille war abgekoppelt
von Zielen. Franz sprang gewissermaßen seelisch von einer Situation zur anderen, und in jeder *musste* er Recht bekommen, sonst fühlte er sich verfolgt. Angesichts solcher
Voraussetzungen versagt jede Therapie, die auf ein vernünftig integriertes Selbst abzielt. Und andere Therapien
gibt es nicht.

> Bei Kindern mit einem ungeübten,
> ungelenkten Willen versagt jede Therapie, die auf
> ein vernünftig integriertes Selbst abzielt.

Die Lage hatte sich inzwischen soweit zugespitzt, dass sie
allen Beteiligten ausweglos erschien. Die Suspendierung
von der Schule (zunächst für zwei Wochen) drohte. Dann
kamen, Gott sei Dank, die Ferien. Ruhepause.»Time-out«.
   Franz besuchte die Großeltern auf einem mecklenbur-
gischen Dorf. Sie besaßen dort einen Bauernhof, befanden
sich selbst in einer schwierigen Phase der Umstellung. Sie
hatten viel zu tun, sie hatten gar keine Zeit, sich übermäßig mit Franz zu beschäftigen. Sie brauchten selbst Hilfe
und zwar konkrete, tatkräftige Hilfe bei der täglichen Arbeit. Und genau das war Franz' Glück. Zum ersten Mal in
seinem jungen Leben machte er die Erfahrung, dass die
Anforderungen der Realität wichtiger sind als sein kleiner
Wille. Zum ersten Mal nahm die Wirklichkeit keine (oder
kaum) Rücksicht auf ihn.
   Und Franz?
   Franz empfing diese Anforderung wie eine Befreiung.
Franz stellte sich in atemberaubender Geschwindigkeit

um. Wenn der Großvater morgens um 5.30 Uhr in die Schweinegruben stiefelte, dann trabte Franz munter an seiner Seite. Keine Spur seiner sonstigen Müdigkeit, nichts von Kopf- oder Bauchschmerzen, die er sonst vor der Schule so oft gezeigt hatte. Wenn die Großmutter eine halbe Stunde später die Hühner fütterte, dann lief Franz fröhlich neben ihr her und lockte mit einem vergnügten »Gock, gock« das Federvieh. Im Garten machte er sich nützlich, auf dem Feld half er Runkeln zu »verziehen« (wie in unseren Kinderjahren, ich erinnere mich gut!). Den vielen strapaziösen Anforderungen des Landlebens über den Tag hinweg stellte er sich mit Eifer und Fleiß, genauso wie die Großeltern.

Was hatte diesen wundersamen Wandel in seiner Seele bewirkt? Schlichtweg die Tatsache, dass die Großeltern, ohne sich dessen bewusst zu sein, auf elementare Autorität zurückgegriffen hatten. Ihre Lebenssituation erforderte, dass sie permanent direkte und direktive Anforderungen an Franz stellten. Um 5.30 Uhr mussten die Schweine eben gefüttert werden, ganz egal, ob Franz lieber im Bett geblieben wäre. Allein konnte er nicht liegen bleiben, also ging er mit Großvater in die Ställe. Dasselbe galt für den weiteren Verlauf des Tages. Wenn die Runkeln verzogen, die Kartoffeln gesteckt werden mussten (oder was immer in den Sommermonaten auf einem Bauernhof zu tun ist, meine Erinnerungen sind in diesem Punkt etwas ungenau), dann duldete dies alles keinen Einspruch. Es ging um nicht mehr und nicht weniger als die materielle Existenz des Hofes.

> In Notzeiten ist nichts autoritärer
> als die Notwendigkeit.

Und diesen Druck, diese massiven und unausweichlichen Anforderungen, die an sie selbst gestellt waren, gaben die Großeltern mit großer Selbstverständlichkeit an Franz weiter. Er atmete auf. Etwas in seiner überforderten, verdrucksten, von ständigen verqueren Willensanstrengungen übervollen Seele atmete auf. Endlich fand er die Klarheit, die sich auf die Autorität einer realen Notwendigkeit stützte. Wenn man in Not ist, ist nichts autoritärer als die Wirklichkeit. Da gibt es kein Zweifeln, keine Geduld mit irgendwelchen Wehwehchen, erst recht nicht mit überflüssigen Wünschen. Das war es, was Franz aus seiner Sakkgasse herausholte.

Nun hing alles davon ab, wie die Eltern auf diese wunderbare Wandlung reagieren würden. Würden sie ihren Sohn, überängstlich und überversorgend, wieder in die Willkür seiner kindlichen Seele einengen? Tatsächlich, kann man sagen, war sein eigener Wille zum Gefängnis für ihn geworden. Ein Gefängnis, das ihn von der Realität fern hielt. Die Macht des Landlebens und die Not des Landlebens hatten die Gitter seines Gefängnisses aufgebrochen. Es kam also alles darauf an, dass sie nicht wieder einrasteten.

Und Franz hatte noch einmal Glück, ein zweites Mal. Als der Vater ihn vom Hof der Großeltern abholte, spürte er die Veränderungen, die in seinem Sohn vorgegangen waren, sofort. Und was viel wichtiger war: Er begriff sie und akzeptierte sie. Er war ja selbst auf einem Bauernhof aufgewachsen, er kannte die Anstrengungen des Landlebens, aber auch das schöne, warme gesättigte Gefühl, das am Abend aufkommt, wenn alle Pflichten getan sind. Kinder sind für solche Gefühle überaus empfänglich. Auch Franz. Und angesichts der Zufriedenheit seines Sohnes erinnerte sich der Vater. So war er auch einmal gewesen. Kräftig und gehorsam gegenüber dem, was gerade zu tun war. Ausdauernd und stolz auf jede Arbeit, die er gut verrichtet hatte. Erschöpft und müde und froh am Abend! Um es hier gleich einzufügen: Franz war auch von einer grässlichen Langeweile befreit worden, die seine Tage und Kinderjahre geprägt hatten. Denn nichts ist so öde, als wenn man Tag für Tag seine Wünsche erfüllt bekommt. Immer nur die eigenen Wünsche, nie die Härte, Fremdheit und

das Aufregende der Wirklichkeit. Immer nur eine redu-
zierte Realität, gemildert von den eigenen Quengeleien,
der eigenen Trägheit. So wird eine Kindheit lahm und öde.
Franz hatte sich, ohne es zu wissen, viele Monate, sogar
Jahre gelangweilt.

> Nichts ist so öde, als jederzeit
> seine Wünsche erfüllt zu bekommen.

Auf dem Hof war dazu keine Zeit. Es gab einfach zu viel
zu tun und alles, buchstäblich alles, war unausweichlich!
Franz war in diesen wenigen Wochen ein aufgeweckter
Junge geworden, und zwar im doppelten Sinn des Wortes.
Irgendetwas in ihm war aufgewacht. Die Tatsache also,
dass sein Vater diese neuen Charaktereigenschaften seines
Sohnes sofort wahrnahm, wiedererkannte, würdigte,
führte zu einem glücklichen Ende der Geschichte.

Seine Eltern gingen mit Franz und ihrer für sie eigenartigen Erfahrung zu einem Kinderpsychologen. Der tat
wiederum das »Notwendige«. Er gab ihnen eine Reihe von
Tipps und Anleitungen, wie sie Franz auf diesem Weg
(den er instinktiv eingeschlagen hatte) weiter stabilisieren
konnten. Anfangs geschah dies etwas mechanisch. Gemeinsam mit den Eltern wurde ein richtiger Arbeitsplan
für Franz ausgearbeitet. Arbeit für einen Zwölfjährigen ist
übrigens keineswegs nur Schularbeit. Schularbeit ist
Kopfarbeit, die wird schnell langweilig, die Kinder ermü-
den schnell und werden überdreht. Nur Schularbeit oder
zu viel Schularbeit schadet! Gott sei Dank wusste dieser
Kinderpsychologe das. Eine Stunde Schularbeit, das ist
aber das Maximum, erklärte er den Eltern. Ja, er forderte
es von ihnen: Keine Sekunde mehr als eine Stunde, dann
ist genug gelernt. Doch der Tag ist für einen Zwölfjährigen
danach noch lang. Kräftige Herausforderungen, wie Franz
sie auf dem Hof erlebt hatte, sind in der Stadt natürlich
selten. Aber mit ein bisschen Mühe lässt sich schon eini-
ges zusammentragen. Ein Fußballverein hilft da aus, ein

Jugendclub mit einer riesigen Modelleisenbahn, an der ständig etwas repariert werden musste, kam noch dazu. Und die eine oder andere hilfreiche Tätigkeit im Haushalt wurde Franz auch aufgetragen, den Einkauf beispielsweise nahm er relativ schnell in seine Hände. Damit bestimmte er natürlich, wie oft es am Abend Würstchen gab. Anfangs ziemlich oft! Aber das ist ein anderes Problem, ganz offenkundig ein minderes.

Arbeit für Kinder ist nicht nur Schularbeit!

Franz *blieb* aufgeweckt, die Anweisungen – das war die zweite Bedingung des Psychologen gewesen – wurden Franz von seinen Eltern mit derselben Klarheit und Härte (derselben Unausweichlichkeit!) mitgeteilt, wie es die Großeltern auf dem Hof auch getan hatten. Franz kam damit hervorragend zurecht. Jedes Zögern der Erwachsenen hätte ihn möglicherweise in seine Trägheit zurückgeschubst. Nur aus eigenem Willen kann ein Zwölfjähriger solch eine fleißige, verantwortungsbewusste, tätige und vergnügte Lebenseinstellung nicht aufrechterhalten. Er braucht verantwortungsbewusste und gut gelaunte, selbstbewusste Eltern dazu. Franz hatte solche Eltern.

Der Teufelskreis wurde aufgebrochen: Je stabiler Franz wurde, desto entspannter und konsequenter reagierten die Eltern auf ihn. Beides führte dazu, dass die Schulkonflikte wieder abnahmen. Der Blick der Lehrer auf Franz veränderte sich auch (leider viel zu langsam!). Das Stigma wich (ganz allmählich). Das Stigma des kleinen Schlägers, des dissozialen Jungen. Franz wurde einer von vielen. Und genau das, einer von vielen und nicht der Einzige, der immer Erste, der immer Bevorzugte zu sein, war seine Befreiung.

Und was lehrt uns diese kleine Geschichte? Sollen wir also unsere Kinder auf Bauernhöfe schicken? Ganz falsch wäre das nicht. Aber dazu müssten dort eben auch Großeltern bzw. Menschen wohnen, die den Kindern Verantwortung aufbürden. Kindertouristen auf einem Bauernhof machen solche Erfahrungen, die denen von Franz gleichen, nur in sehr abgemildeter Weise. Leider! Aber auch während der »Ferien auf dem Bauernhof« kann man Kindern – wenn die Gastgeber einverstanden sind (sie sind es eigentlich immer!) – die Verantwortung für ein Tier übertragen oder sie einen abgesteckten Teil des Gartens betreuen lassen. Insofern ist die Idee, die Stadtkinder in den großen Ferien aus der Stadt herauszuholen, nicht die schlechteste. Aber sie löst natürlich das Problem nicht. Das Problem liegt anderswo. Franz hatte die Anforderungen der Realität auch aus Liebe zu den Großeltern (mit-)-empfunden und darauf reagiert. Diese Anforderungen waren hart, klar und unwiderrufbar. Sie wirkten so, wie eine gute Autorität immer auf Kinder wirkt. Gute Autorität weckt auf! Der Umweg über die Lebensweise auf dem Land, die Franz zu einem stabilen Kinder-Selbst finden ließ, war ja erst dadurch notwendig geworden, weil seinem Willen viel zu lange nachgegeben worden war – oder, um es anders zu sagen: weil sein Vater so viel von der eigenen Kindheit vergessen hatte. Vor allem die Schönheit der Verantwortung, die Befriedigung im Gehorsam, den Schutz in einem strukturierten Tagesablauf. Alles hatte er vergessen, alles unter modischen, psychologischen oder vermeintlich psychologischen Formen versinken lassen, Franz' Vater war viel zu weit von sich selber abgerückt, von seiner eigenen Lebensgeschichte, seinen eigenen Fähigkeiten, und er hatte seinem Sohn deshalb keine Orientierung bieten können. Orientierung aber brauchte Franz mehr als alles andere. Unsere Geschichte ging glücklich aus. Es wuchs tatsächlich zusammen, was nie hätte auseinander fallen dürfen: die lebensgeschichtlich fundierte Verantwortung eines Vaters für seinen Sohn, realistische Anforderungen und ihre Verankerung im Selbst eines Kindes. Ein glückliches Ende, gerade noch rechtzeitig, viele andere Geschichten anderer kleiner Jungen enden nicht so.

Kinder brauchen Markenklamotten!?

Ein Kinderpsychologe namens Thiel schoss den Vogel ab. Zumindest dachte ich das. Aber dann kam die ARD. Die konnte es noch besser. Kinder sind Modetrends verfallen, das ist bekannt. Wo nicht *Nike* draufsteht, kann kein cleveres Kind drin sein – so oder ähnlich scheinen die Glaubensbekenntnisse unserer Kinder zu lauten. Und die Erwachsenen machen kräftig mit. Seit neuestem, wie es scheint, tun sie dies unter dem Beifall der Psychologen und der kritischen Fernsehjournalisten. Man kommt aus dem Staunen nicht heraus.

In einem Beitrag der Zeitschrift *Familie & Co* – die ich ansonsten sehr schätze – beklagt sich eine Mutter darüber, dass ihrer elfjährigen Tochter nichts mehr recht sei, sie kann ihr Hosen und Blusen, Jeans und Shirts kaufen, wie sie will. Für die kleine Tochter gilt nur ein Qualitätsmerkmal, nämlich der Markenname, der gut sichtbar aufgestickt ist. Aus irgendeinem Grund haben unsere Kinder das dringende Bedürfnis, wie kleine Werbesäulen herumzulaufen.

Die Mutter fragt:»Was mache ich denn nun?« Einerseits wolle sie den Moderummel nicht mitmachen, andererseits hat ihr Töchterchen ein vorzügliches Argument parat. Und das lautet: Die anderen haben das auch! »Die anderen haben das auch« ist überhaupt eine Zauberformel, mit der clevere Kids ihre Eltern bestechen. Das ist nicht ganz neu. Auf solche Tricks bin ich, ehrlich gesagt, auch schon verfallen, als ich acht, neun oder elf Jahre alt war.

Der Unterschied zur früheren Kindheit besteht darin, dass mein Vater und meine Mutter sagten:»Dafür haben wir kein Geld! Und damit basta.«

»Basta« sagt man aber in einer Konsensgesellschaft nicht.»Basta« klingt autoritär und anmaßend. So geht man doch nicht miteinander um, schon gar nicht mit Kindern. Alle Eltern und alle Psychologen (und Fernsehjournalisten) haben diese Umgangsregel verinnerlicht. Im Prinzip ist sie ja auch nicht falsch. Nur manchmal wirkt sie sich verheerend aus.

> »Basta« sagt man in einer Konsensgesellschaft nicht – es klingt autoritär und anmaßend.

Denn was früher nur ein cleverer Trick von Kindern war, das wird heute allen Ernstes als psychologische Erkenntnis verbreitet. In dem angesprochenen Artikel antwortete der Kinder- und Jugendpsychologe Michael Thiel Folgendes: Natürlich sei die Markenabhängigkeit der Kinder von Übel. Natürlich müsse man etwas dagegen tun. Aber leider wisse er auch nicht, was.

Hätte Kollege Thiel es dabei belassen, dann hätte er etwas sehr Vernünftiges getan – er hätte nämlich die Verantwortung an die Mutter zurückgegeben:»Nun entscheiden Sie mal gefälligst selbst, und suchen Sie für simple Konflikte nicht gleich Rat beim Psychologen.«

Das wäre wahrscheinlich der allerbeste Rat gewesen, den er dieser und vielen anderen Müttern hätte erteilen können. Aber das tat er nicht. Er fuhr vielmehr munter fort: Leider sei es in der modernen Kindheit so, dass die Kinder ohne Markenpullover und Markenjeans Außenseiter würden. Außenseiter zu sein, sei aber für ein kindliches Gemüt ganz furchtbar und für die Zukunft eines Kindes geradezu zerstörerisch. Also bleibe ihm als verantwortungsbewussten Psychologen nichts anderes übrig, als der Mutter zu empfehlen, ihrer Kleinen nachzugeben und Markenklamotten in Hülle und Fülle anzuschaffen. So weit der Geldbeutel reicht! (Der Geldbeutel als letzte einsichtige Grenze der Vernunft, so weit hätte es nun wirklich nicht kommen müssen! Das sagt aber nicht Herr Thiel, das sage ich).

Nachdem ich dies gelesen hatte, schüttelte ich den Kopf und dachte mir:»Blöder geht es ja nun nicht mehr.« Ich hatte mich geirrt.

Dazu musste ich nur – was ich aus wohlweislichen Gründen selten tue – an einem langweiligen Donnerstagabend die ARD einschalten und bei dem kritischen Gesellschafts- und Politikmagazin *Monitor* hängen bleiben. Dort lief ein Beitrag zu eben diesem Thema. Kritisch und tief besorgt war die Stimme, die da aus dem Lautsprecher drang: Wie furchtbar, wie schrecklich, unsere Kinder sind von diesen Markenklamotten restlos abhängig. Ein gesellschaftskritischer Hinweis fehlte nicht, nämlich der, dass die Werbekonzepte der Konzerne zunehmend Einzug in das Seelenleben unserer Kinder halten. Da mag schon etwas dran sein, aber vielleicht nicht ganz so schlicht, wie sich Fernsehjournalisten das vorstellen.

Im Folgenden wurden zwei Familien auf einer Einkaufstour in einem großstädtischen Zentrum begleitet. Im ersten Fall, wenn ich mich richtig erinnere, war die Tochter etwa zwölf, im anderen Fall der Sohn etwa vierzehn Jahre alt. Aber auf das Alter kommt es nicht an, sondern auf die merkwürdige Paradoxie, die in diesem Beitrag plötzlich erkennbar wurde.

Kritisch also war der Ansatz, mit kritischen Augen begleitete die Kamera die Einkaufswut der Kinder. Mama stand hilflos daneben, während Töchterchen ein Shirt nach dem anderen herbeischleppte. Aber Gott sei Dank haben wir ja die eben erwähnte Vernunftgrenze, die das Portemonnaie den Eltern zieht. Also sagte Mama, nicht aus pädagogischer Einsicht sondern aus Geldnot:»Mehr als zwei Shirts gibt es nicht.« Nun gut, damit war Töchterchen auch zufrieden.

Sie wuselte nun in verschiedenen Shirts herum, hielt sich dieses oder jenes vor den kleinen Körper, prüfte misstrauisch und aufmerksam ihr Spiegelbild, und schaute dann nervös auf die Marke des Kleidungsstückes, das ihr gefiel. Was keinen sichtbaren Markennamen und einen entsprechenden Preis aufwies, wurde gleich aussortiert. Es war tatsächlich so, ich traute meinen Augen nicht. Egal, ob es ihr passte oder nicht, egal, ob ihr Spiegelbild ihr schmeichelte oder nicht – was ohne Markenname war, kam gar nicht in Frage. Da blieben zwei sündhaft teure Shirts übrig, beide dadurch verunstaltet, dass ein übergroßes Logo quer über die Brust gesteppt war.

> Unter dem Logo eines Markennamens
> werden Kinder zum Anhängsel der Ware.

Töchterchen fühlte sich im Schutz dieses Logos oder als Teil dieses Logos – um es mit Marx zu sagen: »als Anhängsel der Ware« – offensichtlich tierisch wohl. Wir werden später darüber nachdenken, woher diese Identifikation mit einem anonymen Markenzeichen kommen mag.

Bleiben wir zunächst bei unserer kleinen Geschichte. Die überteuerten Kleidungsstücke wurden gekauft und bezahlt, vergnügt wanderten Mutter und Tochter aus dem Geschäft, die Mutter murmelte – immerhin leicht verlegen – in die Kamera: »Was soll man denn machen, ihre Freundinnen tragen dasselbe.«

Und die Stimme aus dem Off, die eben noch kulturkritisch den Mode- und Markentrend bemängelt und sogleich kräftig übertrieben hatte, gab ihr zu meiner totalen Verblüffung Recht. So sei das eben heute, sagte die kritische Stimme, wer kein Außenseiter sein wolle, müsse sich anpassen. Anpassung sei eben von den Markenherstellern vorgeschrieben.

Wie gebannt saß ich nun vor dem Fernsehschirm und wartete auf die zweite Geschichte und einen vernünftigen Kommentar, der den Ausweg aus diesem Dilemma weisen würde. Die Geschichte kam auch, der kritische Kommentar hingegen blieb aus. Was so schwungvoll mit allgemein-theoretischen Thesen begonnen hatte, verkümmerte zu einer simplen Anpassungsbotschaft.

Die zweite Geschichte, die mit dem vierzehnjährigen Jungen, verlief wie die erste. Wieder eine hilflose Mama, die achselzuckend die Überlegenheit der Kindermoden gegenüber elterlicher Moral und Erziehungsvorstellungen zu Protokoll gab. Da könne man nichts machen, das sei eben so. Sie wolle ihrem Kind ja auch nicht schaden, und Abweichung von der Norm, das Risiko, anders als die anderen zu sein, das sei doch eine riesige Belastung für einen Vierzehnjährigen. Das mochte sie ihrem Kind nicht zumuten. Die Stimme aus dem Off, wie gesagt, stimmte dem zu, wurde immer kleinlauter, kam schließlich zu demselben Resultat. Kinderkultur ist eben heute so, Außenseiter haben es extrem schwer, sind immer unglücklich, also bleibt nur die Anpassung. Das gilt für unsere Kinder und damit auch für die Eltern. Auch sie passen sich dem Trend an, befördern ihn damit natürlich auch, geben achselzuckend einige kritische Anmerkungen zu erkennen und wissen sich im Übrigen nicht zu helfen.

Mama, Fernsehjournalist und Off-Stimme – alle waren derselben Meinung wie unser Herr Kinderpsychologe Thiel. Wie es ist, so ist es eben. Ich behaupte: Diese Anpassungsweisheit ist das Resultat einer Entwicklung, in der die Eltern als Eltern abgedankt haben. Natürlich bleiben dann psychische Leerstellen, und die werden besetzt. In diesem Fall von der Modeindustrie. Wo das Wort von Mama oder Papa weniger gilt als das irgendeiner Freundin, wo das Diktat des Marktes deshalb vorherrschen kann, weil die Überzeugung und das innere Leben einer Familie nicht stark genug gegenhalten, da sind solche Entwicklungen vorprogrammiert. Zwangsläufig sind sie deshalb noch lange nicht.

Autoritäre Eltern haben es besser. Sie haben die simple Chance, schlicht und ergreifend Nein zu sagen und den Modetrend (und die Verwirrung, die er in den kleinen Köpfen anrichtet) zumindest gelegentlich – und nicht allzu selten – zu stoppen. So, wie in den beiden genannten Beispielen die Kinder gelernt haben, dass Mamas Wort nichts gilt, so können die Kinder autoritärer Eltern lernen, dass Mamas oder Papas Wort sehr wohl etwas gilt. Bis den Kleinen (hoffentlich, irgendwann) dämmert, dass ihre Familie wichtiger und vernünftiger ist als das Diktat der Mode.

> Die Kinder autoritärer Eltern können lernen, dass das Wort ihrer Eltern etwas gilt.

Natürlich geht das nicht ohne Konflikte. Man muss schon damit rechnen, dass auch bei einer sinnvollen autoritativen Erziehung ein elfjähriger Teenager der Mama vorschwärmt, wie toll dieses oder jenes Markenkleid sei. Warum die eine Marke angesagter sei als die andere und überhaupt zwingend, um in der oder jener Freundesgruppe dazuzugehören. Natürlich wird es dies alles auch in autoritären Familien geben – wenn auch vielleicht in geringerem Maße –, aber Konflikte gibt es zwischen Eltern und Kindern ohnedies. Immer. Die beiden Teenies aus unserer Fernsehgeschichte machten beim Verlassen des Ladens auch keineswegs einen so glücklichen Eindruck, dass man nicht an der nächsten Ecke mit dem nächsten Konflikt rechnen musste.

Der Konflikt war also auch hier nur aufgeschoben, trotz aller Nachgiebigkeit. Aufgeschobene Konflikte nehmen immer einen unguten Verlauf. Besser, man steht sie gleich durch! In unserem Beispiel der autoritären Eltern in der Weise, dass Mama oder Papa klar und deutlich sagen: Nein. Nein, weil es dumm ist, nein, weil es unvernünftig ist, nein, weil das um 80 Mark billigere Shirt genau dieselbe Qualität hat und dir möglicherweise sogar besser steht. Nein, sogar aus Prinzip, man muss *in unserer Familie* nicht jeden Blödsinn mitmachen. Nein heißt nein, nein ist Verbot. Autoritär erzogene Kinder werden darauf genauso reagieren wie alle anderen Kinder, sie maulen und schimpfen, fühlen sich unverstanden und überhaupt bei diesen Eltern unglücklich. Aber wenn Sie, die Eltern, diesen Konflikt freundlich und entschieden durchstehen, werden Sie möglicherweise eine Erfahrung machen, die Sie verblüfft. Sie werden nämlich feststellen, dass Ihr Kind zwar schimpft und nörgelt – möglicherweise »dann eben gar kein« Shirt will (was dem Geldbeutel der Familie nur zugute käme) – aber nach einer halben oder einer Stunde zu erkennen gibt, dass es Ihre Haltung respektiert.

Kinder wollen mehr als Mode

Machen wir uns nichts vor, unsere Kinder wissen ganz genau, dass dieser Markenrummel ein riesengroßer Unfug ist. Es gibt Umfragen unter Schülern, die dafür plädieren, dass in den Schulen Uniform getragen wird. Damit wollen sie diesem Markenzwang entgegenwirken. Übergroße Mehrheiten stimmen dem zu. Im Übrigen ist es ein dummer Vorschlag, weil Uniformität immer ein Unglück ist, doch das ist ein anderes Thema! Es zeigt jedenfalls, dass unsere Kinder auch in diesem Punkt mehr Vernunft besitzen als wir ihnen zutrauen. Sie stehen unter dem enormen Druck ihrer peer-groups, des allgemeinen Modetrends und des allgemeinen Anpassungstrends, das ist wohl wahr – und wenn dem niemand Einhalt gebietet, dann unterwerfen sie sich ihm auch. Aber sie durchschauen ihn.

Und autoritäre Eltern tun ja genau dies: Einhalt gebieten! Sie sagen Nein, sie stehen den kleinen Konflikt, der möglicherweise daraufhin folgt (möglicherweise auch nicht), einfach durch. Sie geben zu erkennen, dass sie sehr wohl zwischen vernünftigen und unvernünftigen Ansprüchen ihrer Kinder unterscheiden können, möglicherweise auch für die unvernünftigen ein gewisses Verständnis aufbringen, aber trotzdem nicht bereit sind, jeden Blödsinn mitzumachen.

Sie können dies ergänzen mit einem »Identifikationsangebot«, das folgendermaßen lautet: In unserer Familie, zu der ja auch du gehörst, wird Unsinn nicht geduldet. Wir machen dumme Sachen nicht mit. Du und deine Eltern sind in diesem Punkt anders als viele andere.

> Autoritäre Eltern können zwischen vernünftigen und unvernünftigen Ansprüchen ihrer Kinder unterscheiden.

Sie werden, behaupte ich, recht bald bemerken, dass Ihr Kind stolz darauf ist, zu dieser Familie zu gehören. Dass es dieses Identifikationsangebot von Mama oder Papa bereitwillig annimmt. Es geht aus seinem Verzicht auf die angesagten Markenshirts letzten Endes gestärkt hervor. Gestärkt durch das Bewusstsein, dass sein Vater und seine Mutter (und damit in gewissem Sinn auch es selber) eben nicht nur anpassungsbereite Wesen sind, die sich jedem Trend fügen, sondern einen eigenen Willen haben, eine eigene Meinung, eine eigene Klarheit und eine eigene Vernunft.

Ich glaube nicht, dass es sehr viele Kinder gibt, die sich dem auf Dauer entziehen. Ich glaube vielmehr, nein, ich bin sicher, dass sehr viele Kinder aus *solchen* Familien mit einer *solchen* Erziehung von ihren Freunden beneidet werden.

Was an den Marken so fasziniert

Warum verstecken sich unsere Kinder so gern hinter Markennamen? Es sind doch wenig sinnvolle Zeichen für sie, die mit ihrem täglichen Leben eigentlich gar nichts zu tun haben. *Nike* oder *Elefant-Boots* kann für sie nicht mehr bedeuten als *Abakadabra*. Und doch haben diese Markennamen eine geradezu magische Wirkung. Dafür gibt es viele Gründe. Die Werbung spielt eine Rolle. Die Suggestivität der Medienbilder beeindruckt unsere Kinder heute tief, überall sind sie von idealen Menschen in idealer Kleidung umgeben, das wirkt irritierend. Und jede Irritation macht unsicher, jede Unsicherheit wiederum muss ausgeglichen werden. Da kommen die Markennamen gerade recht.

Jedes Kind weiß, dass die bunte Werbewelt keine wirkliche Welt ist.

Jedes Kind weiß aber auch, genauso gut wie jeder Erwachsene, dass diese bunte perfekte Werbe-Medienwelt keine *wirkliche* Welt ist. Kein Mensch ist immer so gestylt, zufrieden, erotisch und sympathisch wie die Models auf den Werbebildern. Wir sind ihnen trotzdem in gewissem Umfang ausgeliefert, nicht nur unsere Kinder, weil diese Werbebilder eine tiefe Sehnsucht auslösen: Wir möchten eben alle gern perfekt sein, wir hätten gern ein freundlicheres und entspannteres Leben, wir wären gern auch viel attraktiver, als wir in Wirklichkeit sind.

Im täglichen Einerlei – das wusste schon Goethe – versäumen wir unsere Lebensmöglichkeiten ständig. Wir leben nur einen Bruchteil des möglichen Lebens. *Was wir versäumen, hinterlässt Sehnsucht.* Diese Sehnsucht ist immer ein wenig unbestimmt. Wir wissen nicht ganz genau, welche Möglichkeiten für ein besseres, freieres, entspannteres und offeneres Leben wir eigentlich hätten. Wir wissen nicht ganz genau, wie wir uns kreativer und intensiver durchs Leben schlagen könnten, wir spüren aber, dass wir uns selbst ständig etwas schuldig bleiben. Da tut sich ein Riss in unserer Psyche auf. Und genau in diesem Riss nisten die Werbebilder mit ihren Versprechungen.

Viele und unendlich vollkommene Versprechungen: Alles ist glatt, alles ist perfekt, alles gelingt in diesen Bildern, selbst die Landschaft ist schöner als unsere Umgebung, die Autos sind eleganter, die Frauen betörender, die Männer entschlossener. Wie gesagt, wir wären dies alles auch selbst gern: betörend und entschlossen, intensiv unser Leben lebend statt es zu vertrödeln. Die Vollkommenheit dieser

Bilder in Inhalt und Machart ist wie ein Spiegel, in dem unsere Sehnsüchte abgebildet sind. Sie bleiben höchstwahrscheinlich unerfüllt. Genau deshalb sind diese Bilder so verführerisch und wirken so intensiv. Selbst dann, wenn wir längst verstanden haben, dass das wirkliche Leben ganz anders aussieht.

Auch unsere Kinder wissen das. Aber sie haben eben auch diese Sehnsüchte, verspüren dasselbe Unerfülltsein. Der Wunsch nach Freiheit und einem tieferen Leben, in dem sie ihre kreativen Möglichkeiten entfalten, er ist bei Kindern möglicherweise noch ausgeprägter als bei Erwachsenen. Kinder sind immer an der Zukunft orientiert, und ihre Zukunft ist voller Versprechungen. Die Werbebilder sind so etwas wie eine zum Greifen nahe Abbildung dieses Zukunftsversprechens: So könnte dein Leben einmal sein, oder so oder so!

Auch Kinder wissen, dass die Werbewirklichkeit nicht die alltägliche Wirklichkeit ist. Aber sie glauben der Werbung doch ein wenig mehr als wir. Sie tun es aus eben diesem Grund: Weil noch eine lange Zukunft vor ihnen liegt. Alles könnte noch so werden, wie es versprochen wird.

> Kinder glauben der Werbung
> doch ein wenig mehr als die Erwachsenen.

Wir alle haben Sehnsuchtsbilder, sagte ich, Idealbilder unseres Ich und unseres Lebens. Kinder mehr als Erwachsene. Nun ist es leider so, dass die Relativierung der Sehnsüchte, die Rückführung des Ideals auf die machbare Wirklichkeit zum Reifen eines Menschen gehört. Zum »tragischen Schicksalsplan des Menschen«, wie Freud einmal formulierte. Wir können dies unseren Kindern nicht ersparen, wenn wir sie nicht in verträumten Medienfiktionen eingekerkert sehen wollen. Und damit sind wir wieder bei unserem Thema: Wenn alle Orientierungen ausfallen, wenn elterliche Lenkung nicht stattfindet (von schulischer gar nicht zu reden), dann, in der Tat, nehmen die Designs der Industrie unsere Kinder in den Griff, genauer: Sie bekommen die *Sehnsüchte* unserer Kinder, ihre *Zukunftsvisionen* in den Griff. Die meisten Eltern arbeiten dem kräftig zu. Die Führung, die Kinder benötigen und die sie bei den Eltern (der Schule, den Vereinen) nicht erhalten, die suchen sie dann dort, wo das Leben nur angenehm und perfekt ist – Papa und Mama zahlen ja!

Und noch etwas kommt hinzu: Liberale Eltern sagen ihren Kindern, dass sie beispielsweise selbstbewusst werden sollen, oder eigenständig oder durchsetzungsfähig oder wer weiß was. *Nike* oder sonst eine Markenfirma ist viel konkreter. *Nike* sagt, *was man tun muss*, um mit den Gleichaltrigen klar zu kommen. *Nike* macht keine Kompromisse, sondern erklärt autoritativ, was man zu sein, zu kaufen und darzustellen hat, um anerkannt zu werden. *Nike* lässt sich nämlich nicht wie Papa und Mama an der Nase herumführen.

> Auch unsere Kinder haben den Wunsch,
> nicht nur Abbilder von Werbesymbolen zu sein –
> aber dafür brauchen sie unsere Anleitung.

Unsere Kinder sind nicht dumm. Sie haben nicht nur den Wunsch, von irgendwelchen Werbeästhetiken eingelullt zu werden und ganz langsam wegzudämmern. Dieses Bild einer modernen Kindergeneration ist viel zu einseitig, einschichtig. Unsere Kinder wollen mindestens ebenso sehr tatkräftig leben, etwas bewirken, eben realistisch *da sein*. Sie haben den Wunsch und den Ehrgeiz, sie selbst zu sein und nicht Abbilder von Werbesymbolen. Aber dafür brauchen sie unsere Anleitung. Allein schaffen sie es nicht!

Wir müssen uns nur zutrauen, unseren Kindern ebenso klare und knallharte Botschaften zu geben wie die Werbung:»Catch them all!« Wir müssen uns mit dem Ehrgeiz und der Realitätskraft und dem Lebensmut unserer Kinder verbünden, dann haben wir – gegen alle perfekten Illusionen der Werbung – starke Kräfte auf unserer Seite.

Und wir haben darüber hinaus eine kindliche Kraft für uns gewonnen, die *Nike* nicht gewinnen kann: die Liebe unserer Kinder.

Sechs Regeln gegen den Klamotten-Wahn

Was also ist zu tun?

1 Nein sagen.

2 Deutlich machen, dass ein spannendes Leben mehr ist als Klamotten spazieren zu tragen.

3 Hierfür Regeln und Vorgaben aufstellen und durchsetzen.

4 Keine Widerrede dulden.

5 Die Kinder lieben, und uns als Mutter und Vater von ihnen lieben lassen.

6 Redlicher sein als alle Werbebotschaften der Welt – und konsequenter.

Und dann? Dann wollen wir doch mal sehen, für welche Seite sich unsere Kinder entscheiden.

Marie oder: Selbstverletzungen – eine neue Teenie-Mode

Marie ist 13 Jahre alt, ein freundliches Kind, sie wirkt intelligent, ein wenig zurückgezogen, ein wenig scheu. Man spürt ihren pubertären Freiheitsdrang, sie äußert ihn aber charmant, sehr unaufdringlich. Da ist nichts von dem nörgelnden Trotz, der pubertäre Krisen für Eltern oft so unerträglich macht. Allerdings fällt eine gewisse verhaltene Distanz auf, eine Bereitschaft, alles und jedes zu prüfen und allzu bereitwillig zu verwerfen. Sie hält die Welt der Erwachsenen auf Distanz. Sie *hält* nicht viel von ihnen, sie wirkt im Doppelsinn des Wortes *un-gehalten*. Und auf eine merkwürdige Art allein.

»Hast du Freunde?«, frage ich sie. Natürlich, sie hat viele Freunde. Fast zu viele. Ich frage nach den Namen, und sie zählt eine schier endlose Liste auf. Irgendetwas, denke ich, stimmt da nicht. Ich frage nach.

Ich stelle fest, dass sie ihre Freunde sorgfältig aufteilt. Sie hat sozusagen zwei Gruppen von Freunden: Die einen gefallen ihren Eltern, die anderen überhaupt nicht. Die einen sind die offiziellen Freunde, die anderen die versteckten. Die offiziellen gehen mit ihr in dieselbe Klasse in einem angesehenen Gymnasium, das von Nonnen geleitet wird. Es sind strebsame Mädchen, Pop-Fans, Mode-Teenies, junge Mädchen eben, wie man sie aus *Young Miss* und ähnlichen Zeitschriften kennt. (Ich frage mich dabei immer: Waren zuerst diese gestylten Mädchen da und dann die Bilder in den Magazinen oder umgekehrt?)

Daneben hat sie andere Freundschaften; ich hätte es mir gleich denken können. Das sind ihre Punk-Freunde, genau betrachtet sind es Edel-Punks, Gymnasial-Punks. Sie treiben sich auf einem alternativen Kulturgelände herum, in leeren Fabriken, die zu Techno-Discos umgebaut wurden, und zelebrieren dort ihre finster lärmenden Hip-Hop- und Rap-Nächte, die sie als ekstatisch erleben. In den Ecken wird der eine oder andere Joint »durchgezogen«. Dort weht der Wind der Freiheit, dort fühlt Marie sich zu Hause.

Aber die andere Seite der gesellschaftlichen Medaille, die besseren Freundinnen, Töchter aus gutem Haus, will sie auch nicht aufgeben. Sie pendelt zwischen beiden Milieus hin und her. Mit ihrer »besten« (offiziellen) Freundin fährt sie in den Skiurlaub, ein Drei-Sterne-Hotel im Gebirge. Dort versuchen die beiden dann auszubrechen, ihr Ausbruch misslingt kläglich. Sie haben es wohl nicht ganz ernst gemeint. Diejenigen ihrer Punk-Freunde, die tatsächlich abgehauen und ausgestiegen sind, bewundert sie grenzenlos. Aber sie will es ihnen nicht gleich tun. So weit geht die Abenteuerlust auch wieder nicht.

Übermäßige Selbstkontrolle führt zur Selbstbestrafung.

Sie rechnet sich ihr Zögern als Feigheit an. Sie hat das Gefühl, sie müsse sich dafür selbst bestrafen, und das tut sie auch. In der dritten oder vierten Sitzung mit ihr fällt mir dieses Motiv der übermäßigen Selbstkontrolle, das konsequent zur Selbstbestrafung führt, endlich auf. Ich spreche es an. Sie zögert auch gar nicht, weicht nicht aus. Schweigend rollt sie den Ärmel ihrer Bluse hoch. Ich erkenne tiefe Wunden, Male von ausgedrückten Zigaretten auf der Haut. Selbstverbrennung, Selbstverletzungen. Sie sind nicht so selten, wie wir Erwachsenen gern glauben wollen. Sie sind unter den zwölf- bis vierzehnjährigen Teenager-Mädchen fast eine Art Mode geworden. Ein weit verbreitetes Syndrom. Psychologen stehen hilflos davor, die Eltern erst recht.

Sie prüft meine Reaktion, sie stellt zufrieden fest, dass ich nicht erschrecke. Ich wende mich ein wenig von ihr ab. »Na ja«, sage ich, »das habe ich mir schon gedacht.« »Wirklich?«, fragt sie.

»Du kannst dich eben nicht entscheiden«, sage ich. »Das führt immer dazu, dass sich irgendetwas in einem ballt. Bei mutigen Mädchen« – ich bin der Meinung, dass sie dazu gehört und sage es ihr – »führt das oft zu seltsamen Reaktionen. Statt sich gegen die Enge ihrer Umwelt zur Wehr zu setzen, setzen sie sich gegen sich selbst zur Wehr. Statt anzufangen, ihr Leben zu kontrollieren, kontrollieren sie ihren Körper. Dafür gibt es zwei Möglichkeiten: Magersucht ist die eine, Selbstverletzung die andere. Du hast die zweite Variante gewählt – das ist, nebenbei bemerkt, unter ästhetischen Gesichtspunkten die erträglichere.«

Übermäßige Körperkontrolle
kann sich in zwei Formen äußern:
Selbstverletzung oder Magersucht.

Sie mag diese Art von stillem Zynismus, sie lacht. Erschrecken hätte mich entwertet. Empörung oder moralinsaure Bedenklichkeiten hätten dazu geführt, dass ich als Orientierungspunkt in ihrem Leben (sie überlässt mir diese Position gerade probehalber) wieder ausgefallen wäre. Dabei braucht sie Orientierung, wenigstens *einen* festen Bezugspunkt in ihrer Existenz. Sie hätte ungern darauf verzichtet. Meine »coolness« erspart ihr eine Enttäuschung. Sie nimmt es zufrieden zur Kenntnis. Hätte ich freilich auf der anderen Seite – psychologischen Methoden folgend – »einfühlendes Verstehen« gezeigt, wäre sie ebenfalls enttäuscht gewesen.

Einfühlung hätte sie enttäuscht?! Das klingt irritierend, ist aber vor dem Hintergrund von Maries Leben ganz konsequent (Nebenbei bemerkt: Übermäßiges Verständnis mitsamt Einfühlung geht sehr vielen Teenagern gewaltig auf die Nerven, Marie ist kein Sonderfall!)

Ich will versuchen, den Zusammenhang zu erläutern: Es ist schon wahr, dass sie sich mit ihren massiven Attacken gegen den eigenen Körper kontrollieren will. Warum? Eine andere Form von Kontrolle hat sie nicht kennen gelernt. Sie braucht aber Kontrolle! Ein Blick auf ihre familiäre Situation, auf ihre Eltern erklärt das. Sie wächst in einem gehobenen sozialen Milieu als behütete Tochter auf. Die Eltern haben es zu etwas gebracht. Diese soziale Position war für ihre Eltern auch einmal ein Kompromiss, es gibt viele Kompromise in dieser Familie. Die Eltern sind in den Siebzigerjahren aufgewachsen, haben alle Erziehungsideale einer liberalen bis antiautoritären Erziehung verinnerlicht, noch ein wenig das Hippie-Milieu gestreift, sind dann vernünftigerweise »umgestiegen« und haben sich in der bürgerlichen Gesellschaft zurechtgefunden, beide auf erfolgreiche Weise, beide immer mit dem Gefühl, ein wenig anders zu sein als ihre betuchten Geschäftspartner. Aber letztlich sind sie doch verstrickt in dieses Erfolgsmilieu und leben in Übereinstimmung mit ihm. Im Lauf der Zeit haben sie die Normen des Geschäftsmilieus verinnerlicht, die Erfolgsetikette für sich in Anspruch genommen und sich mit ihr identifiziert. Solche Eltern können ihren Töchtern eine besondere Art der Erziehung, eine besondere Art der Anpassung anbieten: indem sie die Kinder mit Anpassungsdruck *und* Verwöhnung überhäufen. Sie erfüllen ihre Wünsche so lange und so regelmäßig, dass es für die Töchter keinen Grund gibt, aus diesem Milieu auszubrechen. Konsequenterweise führt dies bei den allermeisten Kindern zu einer Art Überanpassung. Weil sie alles in allem eine konfliktfreie und glückliche Kindheit verbrachten, haben sie auch die Normen dieser Kindheit, die Normen dieses gesellschaftlichen Milieus vorbehaltlos verinnerlicht. In den Vereinigten Staaten findet man diesen Typus Teenager weitaus häufiger als bei uns. Sie leben in ihrer Welt mit einem hohen Maß an Selbstverständlichkeit. Insofern verläuft ihre Erziehung tatsächlich konfliktfrei.

Selbst wenn es einmal Konfliktpunkte gibt, Ungehorsam oder »back-talking«, sind sie mit der einen oder anderen Strafe rasch aus der Welt geschafft. Diese Töchter akzeptieren Strafen, sie wollen ihr Milieu ja nicht verlassen. Eine andere Welt ist ihnen so fremd, dass sie sich darin nicht zurechtfinden würden. Sie wissen es. Ihre Anpassungsbereitschaft ist im Prinzip grenzenlos.

> Die regelmäßige und vollständige Erfüllung
> aller Wünsche erzeugt bei Kindern einen Druck,
> der oft zu Überanpassung führt.

Solche Töchter treten in kinderpsychologischen Praxen relativ selten in Erscheinung. Und wenn sie es tun, dann sind ihre Probleme in der Regel zu beheben. Meist können sie den Normen dieses Erfolgsmilieus, das auf stumme Weise einen enormen Anpassungsdruck ausübt, nicht gerecht werden; sie können die Erfolgskriterien (die sehr rigide sind) nicht ausreichend erfüllen, sie sind oder fühlen sich nicht schön genug, nicht begabt genug, nicht charmant oder intelligent genug. Vor dem Hintergrund ihrer übergroßen Anpassungsbereitschaft erzeugt das Angst. Auf eine seltsame Weise ist sie unter diesen Töchtern allgegenwärtig, die Angst, aus ihren sozialen Kreisen herauszufallen und ausgegrenzt zu sein. Damit kämen solche Kinder niemals klar, sie würden buchstäblich in ein Nichts fallen. Es ist eine existenzielle Grundangst.

Und dann gibt es eben einige wenige Söhne und Töchter, die auch auf diese Art geprägt worden sind und trotzdem aus der Reihe tanzen. Dazu gehört auch unsere Dreizehnjährige. Genauer gesagt, sie fallen nur teilweise aus dem Milieu heraus, teilweise klammern sie sich daran. Aus dieser Diskrepanz entsteht eine innere Zerrissenheit. Sie fühlen sich hilflos, desorientiert. Das wiederum erzeugt ein massives Kontrollbedürfnis. Am liebsten würden sie ja ihre ganze Umgebung, ihre Eltern, ihre Freunde, überhaupt alles kontrollieren und allem ihre ganz eigenen Vorstellungen überstülpen – aber wie die aussehen sollten, das wissen sie nicht. Sie haben ja nie gelernt, eigene Vorstellungen zu entfalten, sie sind in ihrer kleinen Revolte immer noch gehorsame Töchter und haben Angst.

All dies versperrt ihnen die Chance, mit ihrem Kontroll- und insgeheimen Machtbedürfnis kräftig »nach außen zu gehen«, sich aufmüpfig in Konflikte zu stürzen, eigene Gedankenwelten zu entwerfen und für sie zu kämpfen – das ist ihnen weitgehend versagt, und so wenden sie sich schließlich »nach innen«, gegen sich selbst, gegen ihren Körper. Auf diese Weise entsteht ein starkes, ja unbezwingbares Bedürfnis nach Selbstkontrolle, es wird an den schwierigen Punkten der Entwicklungen des Pubertätsalters exekutiert: an den erotischen Gefühlen und am eigenen Körper. Und so sehen die typischen Konfliktlagen der ungehorsamen Töchter, die nicht auszubrechen wagen, aus: Überkontrolle der Körperreaktionen durch Selbstverletzung, Überkontrolle des äußeren Erscheinungsbildes durch Bulimie.

Ein klares autoritatives Eingreifen ihrer Eltern – selbst, wenn sie die Motive ihrer Tochter nicht verstehen – hätte Marie aus dem Dilemma geholfen. Aber dies war nicht möglich. Der Grund: Die Eltern konnten sich selbst nicht zu einer eindeutigen Lebenshaltung durchringen. Einerseits trugen sie die verinnerlichten Erziehungsideale der Hippie-Generation noch in sich, auf der anderen Seite folgten sie den harten Erfolgsidealen ihrer Gesellschaftsschicht. Jedes klar gewollte Autoritätsverhältnis gegenüber ihrer Tochter hätte sie dazu gezwungen, sich für eine der beiden Seiten zu entscheiden. Indem sie diese Entscheidung vermieden, gaben sie ihre Unentschiedenheit an die Tochter weiter, die sich in einer allseits desorientierenden Lebenssituation wiederfand.

Jede Eindeutigkeit der Eltern wäre besser gewesen. Ein hartes autoritäres Erfolgsprinzip hätte Marie zu einer (wahrscheinlich hochmoralisch begründeten) Nichtanpassung anstiften können, ein auf nachgiebige Weise vermitteltes Hippie-Ideal hätte sie zur Identifikation anhalten können – oder vielleicht zu einem völlig anderen Lebensentwurf. Aber in der allgemeinen Unentschiedenheit fand sie keinen eigenen Weg.

> Selbstverletzung und Bulimie sind die typischen Konfliktlagen von ungehorsamen Töchtern, die nicht auszubrechen wagen.

Mir fiel auf, dass diese widerspruchsreiche Nicht-Haltung in der elterlichen Erziehung, die früher reichen Gesellschaftsschichten vorbehalten war, heute bis tief in mittelständische Familien hinein zu finden ist. Insofern ist die Geschichte von Marie eine typische Geschichte eines typischen Teenagers. Die Konfliktlösung, die sie schließlich wählte, Selbstverletzung, ist ja nicht zufällig neben der Bulimie eine Art Modeerscheinungen, freilich eine sehr ernst zu nehmende. (Viele weibliche Teenager pendeln übrigens zwischen Selbstverletzung und Bulimie hin und her, ist die eine Störung überwunden, bricht die andere auf.)

Wie war Marie zu helfen? Nur dadurch, dass man sie zur Eindeutigkeit führte. Sie ließ sich gern führen. Sie spürte das Unbestimmte in ihrem eigenen Denken, ihrem Fühlen, ihrer ganzen Existenz, sie wollte da heraus. Da war wohl eine angeborene seelische Kraft wirksam, die sie anfangs dazu geführt hatte, sich gegen dieses weiche und gleichzeitig normgebundende Milieu aufzulehnen. Ich verbündete mich mit dieser Kraft.

Ich tat es, indem ich klare Ziele vorgab. Ich versuchte sie so zu formulieren, dass sie mit Maries Charakter übereinstimmten. Das gelang keineswegs auf Anhieb. Manches passte nicht auf sie, manches wirkte aufgezwungen. Manchmal hatte ich mich schlicht geirrt! Aber das war kein Problem. Einfach durch die Tatsache, dass ich ihr mit relativ massiv autoritativer Beharrlichkeit *meine* Ziele aufzuzwingen versuchte, verführte ich sie zur Eindeutigkeit. Entweder zur Eindeutigkeit der Opposition oder zur Eindeutigkeit der Übernahme des Zieles, das sie dann auch, hatte sie sich erst einmal dafür entschieden, ausdauernd verfolgte. Die Eltern kamen aus dem Staunen nicht heraus, als ihre flatterhafte Tochter, die so lange von einem Projekt zum nächsten, von einer Überzeugung zur anderen gesprungen war, plötzlich genau wusste (und aussprach!), was sie wollte, und ihrem Willen folgte, die Voraussetzungen für eine vernünftige Realisierung ihrer Vorhaben selbst organisierte, sich Ziele setzte und diese Ziele eifrig verfolgte. Ihr Wille wurde klarer, eindeutiger.

Nicht gar zu eindeutig für eine Dreizehn-, später Vierzehnjährige, wir wollen nichts übertreiben. Aber doch eindeutig genug, dass sie sich zu ihren Absichten, ihren Zielen, ihren Wünschen und Anstrengungen bekennen, dass sie sie verfolgen, dass sie sich mit ihnen identifizieren konnte. Darauf ließ sich aufbauen. Manche Ziele und Ideen wurden nach einiger Zeit auch wieder verworfen, aber aus ihnen erwuchsen neue Ziele, Ideen, Pläne, das alles bekam eine gewisse Kontinuität. Kontinuität und Verlässlichkeit in sich selbst – das war es, was diesem Kind vorenthalten worden war. Allein der autoritative Gestus meiner Vorgaben, meiner Forderungen zwang sie zu beidem. Sie ließ sich gern zwingen, sie hatte keine Mühe, meinen Anordnungen zu »gehorchen«, und ebenso wenig Mühe, ihnen zu widersprechen. Dies genau provozierte die Klarheit ihres Willens, der sich durch Widerspruch und Anerkennung hindurch »bildete«. Die Selbstverletzungen waren nicht mehr nötig, sie hörten innerhalb kürzester Zeit auf. Marie setzte ihren Willen nicht mehr gegen sich und ihren Körper, sondern gegen eine ihren Ideen/Idealen widersprechende Welt ein. Sie setzte sich durch, sie wurde eine Person, sie wurde »ganz«.

Ihr Beispiel hat mir mehr als jedes andere vor Augen geführt, wie wichtig Eindeutigkeit von Seiten der Eltern für die Entwicklung von Kindern ist, zumal in der Pubertät. Es ist gar nicht so wichtig, wie die elterlichen Überzeugungen oder Haltungen aussehen. Hauptsache, sie sind da, werden vertreten, werden eingefordert, klar und verbindlich. Den Kindern bleibt ein breites Spektrum von Reaktionen, den modernen Kindern in unserer Gesellschaft zumal. Sie haben sowohl die Möglichkeit zum Gehorsam wie zur Auflehnung, zur Identifikation wie zur Abwehr. Das ist auch gut so. Moderne Autorität heißt nicht, die Kinder in ein enges Lebensschema zu pressen. Moderne Autorität heißt, ihnen jene Kontur entgegenzuhalten, an der sie eine eigene Kontur gewinnen. Tun wir Eltern dies nicht, werden unsere Kinder krank.

Zlatko und der Medienruhm

Über den plötzlichen Medienaufstieg des Zlatko aus der »Big-Brother«-Show schrieb ein Leitartikler in der *Hannoverschen Allgemeinen* verblüfft: »Wie konnte dieser Mann zum Medienstar werden?« Was der Journalist nicht verstanden hat: Von *können* kann keine Rede sein. Wieder bewahrheitet sich ein Satz, den Andy Warhol bereits in den Sechzigerjahren formulierte: Jeder wird für zehn Minuten Medienstar. Jeder hat zumindest die Chance dazu.

Zlatko war also einfach zum richtigen Zeitpunkt beim richtigen Sender in der richtigen Show. Den Rest besorgte das Medium selbst. Es machte ihn berühmt. Wir können getrost davon ausgehen, dass unsere Töchter und Söhne den Aufstieg Zlatkos sorgfältig beobachtet haben. So schnell geht das also! Von großen Summen ist da die Rede, die er verdient hat. Ein Titelbild im *Stern*, Auftritte in Talkshows, als Kultfigur bei Harald Schmidt usw. – davon träumen sie doch, unsere Medienkinder. Und ihnen wird gezeigt, dass man mit Können und Anstrengung gar nichts erreicht. Alles ganz unwichtig. Wichtig ist allein der richtige Zeitpunkt, mehr braucht's nicht (noch deutlicher wird dies vielleicht bei einem Medienstar wie Anna Nova, der virtuellen, also aus reinen Rechenvorgängen zusammengesetzten Internet-Moderatorin. Sie kann erst recht nicht durch Leistung zu ihrer Prominenz gelangt sein, sie kann nichts leisten, sie existiert ja nicht).

Die erste Lehre also, die unsere Kinder aus dem Wirbel um Zlatko ziehen, lautet: Im richtigen Augenblick präsent sein, das ist es. Nun kann keiner wissen, wann der richtige Augenblick eintritt. Die zweite Lehre lautet demnach: Man muss *immer* präsent sein. Immer auf Draht, immer in perfekter Selbstdarstellung. Jeder Abend in der Disco, jeder Zufallstreff im Eiscafé kann entscheidend sein. Planbar ist das Leben nicht, solange es sich in Medien darstellt. Und die Medien sind eben der wichtigste Darstellungsrahmen für das Selbstbewusstsein unserer Kinder, zumindest, wenn ihnen das Leben in der Familie nicht viel bedeutet. Es ist wohl so: Je geringer der Stellenwert ist, den »Familie« im Gefühlsleben unserer Kinder einnimmt, desto größer ist ihre Mediengier.

> Im richtigen Moment präsent zu sein –
> das ist die Botschaft von Zlatkos Erfolg.

Also heißt es für viel zu viele von ihnen, immer perfekt zu sein, immer auf der Suche nach dem richtigen Zeitpunkt, von dem man nicht weiß, wann er eintrifft. Das macht natürlich unruhig. Man schaut ständig hin und her, immer gespannt auf etwas, was jederzeit oder vielleicht nie eintrifft. Woher soll man das wissen? Je mehr ich mein Leben dem Zufall überlasse, desto unruhiger und unbestimmter werde ich in mir selbst, das liegt auf der Hand! Zlatko ist für unsere Kinder ein Lehrmeister der Ungeduld.

> Zlatko ist für unsere Kinder
> ein Lehrmeister der Ungeduld.

Wir haben gesagt, er war im richtigen Augenblick lange genug medial präsent. Das genügte. Die Präsenz war ein Zufall, er hatte sich bei einer dieser Show-Ideen, die verzweifelte Medienmacher irgendwo auf der Welt von anderen Medienmachern abkupfern, beworben. Er passte zufällig ins Konzept. Da lag keine Planung zugrunde. Denn das hieße, die Raffinesse solcher Medienmacher weit zu überschätzen. Sie tappen, was den Quotenerfolg betrifft, genau so im Dunkeln wie ihr Publikum auf der Suche nach dem eigenen »großen Auftritt«.

Zufällig also war er im Medium. Aber was machte aus diesem Zufall plötzlich einen richtigen Zeitpunkt? Andere waren auch da, sie saßen zu zehnt im Big-Brother-Container mit vielen Kameras ringsherum. Doch der Wirbel um Zlatko hielt monatelang an, während nach den anderen Kandidaten kein Hahn mehr krähte. Warum er und die anderen nicht?

Die Antwort ist einfach. Zlatko unterschied sich von den Mitbewerbern durch Folgendes: Seine Hemmungslosigkeit. Er stellte seine Dummheit zur Schau, weil er den Unterschied zwischen Dummheit und Intelligenz gar nicht kennt. Er stellte sein völliges Desinteresse für Bildung jeder Art zur Schau (»Shakespeare, ist das eine Biersorte?«), weil ihm Bildung nichts bedeutete. Nebenbei bemerkt heißt das auch, dass Jugendlichen wie Zlatko nicht einmal die elementarsten Ansätze von Bildung vermittelt werden – nicht einmal die Idee, weshalb Bildung wichtig sein könnte. So etwas lernt man auf unseren Schulen nicht, jedenfalls nicht auf solchen, die von den Zlatkos besucht werden (auf anderen wohl auch nicht!).

Er ist von sich überzeugt, weil er die Botschaft der Siebziger- und Achtzigerjahre verinnerlicht hat; sie lautet: Jeder ist, was er ist, und das ist gut so. Solche Sprüche sind auch in den Talkshows jeden Tag drei- oder viermal zu hören, jedes Mal unter heftigem Beifall. Ein ausufernder Individualismus ist da am Werk, er hat in der Medienkultur nur eine sonderbare Eigenart: Er kommt ganz ohne »Ich« aus. Ein Individuum, eine Person im Sinn unserer westlichen Kultur hat Bildung, Selbstreflexion und Verantwortlichkeit. Damit kann man in der Medienkultur nichts anfangen.

Das Selbstbewusstsein, das Zlatko so perfekt verkörpert, ist ein ganz neuartiges. Das hat es früher nicht gegeben. Es besteht einfach darin, dass er mit gesteigerter Hemmungslosigkeit sich selbst darstellt und sich um die Frage, was dieses »Selbst« ist, nicht im Geringsten schert. Die Medien propagieren eine Individualität, die mit sich selbst extrem achtlos umgeht. Je achtloser, desto hemmungsloser. Je hemmungsloser, desto erfolgreicher. Es ist wie ein Satyrspiel in den alten Tragödien. Ein Witz, bei dem den Zuhörern das Lachen im Halse stecken bleibt.

> Die Zlatkos dieser Welt kennen nur sich selbst, aber das »Selbst« kennen sie nicht.

Eigentlich ist Zlatko ein »Nicht-Ich«. In diesem Punkt ist Zlatko übrigens einer anderen Kultfigur ganz ähnlich, Schwarzeneggers Terminator I und II, die Kino-Kultfigur der Achtzigerjahre. Auch der walzt egozentrisch nieder, was ihm im Weg steht. Er kennt nur sich selbst, aber das »Selbst« kennt er nicht. Im Vergleich zum Terminator, dem Kinder aller Kulturen im Kino zujubelten, ist einer wie Zlatko noch die mildere Variante. Aber dieselben Wertigkeiten sind für ihn gültig, dieselbe Mentalität schlägt durch. Die Intellektuellen lachen, und fühlen sich wohl bei dem zynischen Spektakel, bis ihnen das Lachen vergeht. Der Rest amüsiert sich ohne weiteres Nachdenken. Der Rest, das sind wir, Väter, Mütter, Lehrer, Psychologen.

Diejenigen in unserer Gesellschaft, die sozial und beruflich den Anschluss verpasst haben, fühlen sich bestätigt. Zlatko ist ihre Hoffnung. In den Medien kann jeder etwas werden, so doof kann man gar nicht sein! Doofheit ist also gar kein Ausschlusskriterium in unserer Gesellschaft. Sie identifizieren ihre mageren Träume mit eben jenem Zlatko, der genauso ist, wie sie selbst. Und plötzlich ist Zlatko ein Star. Und die Jugendlichen, die nicht dumm sind, schauen ihm zu und lassen sich vom medialen Glanz beeindrucken. Aha, so geht das also! Den Zlatko durchschauen sie, gewiss, aber die Wirkungsweise des Mediums und was es mit ihnen macht, durchschauen sie nicht. Nein, zum Lachen ist das nicht. Irgendwann werden sie ihn fallen lassen. Das geht schnell. Das Medium hat keine Geduld. Genauer gesagt: Die Medienmacher werden ihn fallen lassen. Wenn sein Gesicht verbraucht ist, dann stürzt er, und danach ist er nichts mehr. Das Nicht-Ich, das er so protzig vor sich herträgt, wird dann furchtbar wahr. Er ist dann nur noch »nicht«. Was einer wie Zlatko danach tut, möchte ich wissen.

Vielleicht sagen Sie jetzt, nun ja, alles gut und schön, aber wer zum Teufel ist Zlatko? Da haben Sie ein schönes Beispiel dafür, wie Erinnerung in der Mediengesellschaft funktioniert. Nämlich überhaupt nicht. Zlatko war ein Star – ist noch gar nicht so lange her. Sieger im 1. Big-Brother-Wettbewerb, auf allen möglichen Titelbildern – umworben und bejubelt für einige Wochen. Davon geblieben ist nichts, keine Spur. Aus, weg! Aber was in diesem Kapitel über Zlatko und seine Wirkung auf Kinder gesagt wird, stimmt immer noch. Diesmal sind es die Sieger im »Pop-Duell« oder bei den endlos vielen »Superstars«, die inzwischen auf allen Sendern gesucht und genau so schnell wieder vergessen werden. Alles wie bei Zlatko. Nur die Gesichter wechseln immer rascher.

Wenn Geburtstage zur Qual werden ...

Für autoritäre Eltern sind Kindergeburtstage *keine* Qual. Für alle anderen schon!

Wenn ich Kindergeburtstag sage, meine ich nicht nur den einen Tag pro Jahr, an dem Ihr Kind Geburtstag hat. Ich meine die vielen Male, an denen andere Kinder zur Party einladen. Fast immer lautet die allererste Frage, die wir Eltern uns stellen: »Ja, was schenken wir denn?« Sie lässt sich, wie wir gleich sehen werden, nicht vernünftig beantworten.

Dass das Schenken seinen inneren Sinn verloren hat, brauche ich nicht zu betonen, jeder weiß es. Wir schenken längst nicht mehr, um Freude zu bereiten. Wir schenken erst recht nicht, um den Beschenkten seelisch oder geistig zu bereichern. So hat noch der Kulturphilosoph Walter Benjamin das Schenken begriffen. »Ein gutes Geschenk ist eines, bei dem der Beschenkte erschrickt«, schrieb er vor 80 Jahren in seiner *Einbahnstraße*. Er meinte, dass ein Geschenk etwas zutiefst Persönliches ist und einer Beziehung zu dem Beschenkten Ausdruck verleiht, dass der dadurch bereichert, vielleicht sogar irritiert wird. So großartig wurde einmal über das Schenken gedacht.

Wir schenken nicht, um Freude zu bereiten — wir schenken, um Eindruck zu machen.

Dies alles ist von uns abgefallen wie das Herbstlaub von den Bäumen. Heute gibt es Schenken in diesem tiefen Sinn kaum noch. Bei uns ist offenbar alles auf die angepasste Frage reduziert: Welchen Eindruck machen wir mit unserem Geschenk? Wie stehen wir mit unserem Geschenk da? Fallen wir möglicherweise im Vergleich zu anderen ab?

Unsere Kinder haben dies tief verinnerlicht.»Der Georg bringt ein Geschenk für 30 Mark mit, da kann ich nicht mit einem Lego für 8,50 Mark ankommen«, brummelt der oder die Kleine und wartet darauf, dass Papa oder Mama den nächsten Geldschein aus der Tasche zieht. Lieber gar nicht zu einer Party, als sich mit einem Geschenk zu blamieren.

Diese soziale Ängstlichkeit haben wir mit unseren nicht autoritären Erziehungsstilen an unsere Kinder weitergegeben. Es ist doch auffällig, dass es gerade die liberalen, mit viel Nachsicht zur Selbstständigkeit und was weiß ich erzogenen Kinder sind, die sich überängstlich daran orientieren, was »die anderen Kinder« sagen, bekommen und tun. Warum gerade sie, die doch so angstfrei aufwachsen durften? Nun, der Grund oder zumindest ein wichtiger Grund springt ins Auge: Sie sind so abhängig von den Urteilen anderer, weil sie sich selbst nicht beurteilen können.

Ich will das kurz erklären. Diese Kinder sind ja ein ganzes Leben lang nur gelobt worden, und irgendwann haben sie kapiert, dass Lob ohne lobenswertes Werk nichts wert ist. Jede noch so schlampige Zeichnung, jedes nachlässig gebastelte Geschenk wurde von Eltern und anderen Erwachsenen eilfertig mit Entzücken bedacht. »Schön hast du das gemacht, großartig, ganz toll!« Wir schrecken bei unserer Lobhudelei selbst vor den albernsten Superlativen nicht zurück – achten Sie einmal darauf. Jeder Unsinn ist uns recht. Aber den Kindern nicht.

Sie wissen sehr wohl, ob sie sich um eine Arbeit bemüht haben oder nicht, sie haben auch eine Vorstellung davon, was ihnen gelungen ist und was nicht. Aber die *verlässlichen Maßstäbe* für ihre Selbstbeurteilung brauchen sie natürlich von uns. Unsere Lobhudelei nimmt die Maßstäbe weg, nimmt ihnen damit in gewisser Weise das eigene Werk weg. Die pädagogische Formel »Loben Sie Ihr Kind immer und zu jedem Anlass« vermittelt Kindern weder Maß noch Ziel.

Die pädagogische Formel
»Loben Sie Ihr Kind immer und zu jedem Anlass«
vermittelt Kindern weder Maß noch Ziel.

Wenn wir nun noch die bereits angesprochene allgemeine soziale Angstbereitschaft der Eltern hinzurechnen, dann verstehen wir allmählich, in welchem Dilemma unsere Kleinen sich wiederfinden. Mit den Erwachsenen ist es so: Jeder schielt nach dem anderen und verliert sich selbst aus den Augen. Wie soll er dann liebevoll, aber *streng*, also mit »Maß-stäben«, »Maß-gaben« auf die Kinder blicken. Das gilt bei der Bewertung ihrer kleinen Werke, bei der Beurteilung ihres Verhaltens, das gilt eigentlich immer. Genau dies aber fordern unsere Kinder von uns Eltern und von den Lehrern. Die gerechte Bewertung, die klare Spiegelung ihrer kindlichen Schwächen und Stärken. Damit sie daran wachsen. Sie bekommen beides viel zu selten.

Aber kehren wir zu den Kindergeburtstagen zurück. Die alles entscheidende Frage »Was schenke ich denn?« nimmt angesichts des heranrückenden Geburtstagstermins allmählich bedrückende Ausmaße an. Irgendwann berappt also der nichtautoritäre Vater, statt dem ganzen überangepassten-überängstlichen Spuk mit einem kräftigen Wort ein Ende zu bereiten, einen Fünfzigmarkschein (was autoritäre Eltern für *weit* übertrieben halten!), Sohn oder Tochter trabt damit missmutig in das nächste Kaufhaus und kauft halt irgendetwas. Hauptsache, es ist teuer genug! Wo es keine verlässlichen Wertorientierungen gibt, gibt es keine Wichtigkeit oder Unwichtigkeit. In dem ganzen Gewusel ist nichts mehr wichtig. Nein, keiner kann mir einreden, dass diese spendable Gedankenlosigkeit Kindern gut tut.

Irgendwann ist der Tag da, unser Sohn oder unsere Tochter brechen auf, Mama winkt hinterher, das Kind dreht sich nicht um, winkt nicht zurück. Diese Fete wird so langweilig werden, wie es alle anderen davor auch waren. Unser Kind weiß schon Bescheid. Unsere Kinder wissen überhaupt immer schon alles. Wo alles nur dem Zweck der Repräsentation dient – auch die aufwändig gedeckte Kaffeetafel, auch das bestellte Clown- und Zauberprogramm, ersatzweise der kreative Musiker aus Senegal, ach überhaupt alles! –, da kann kaum innere Spannung, Erwartungsfreude, kurzum »Festlichkeit« aufkommen. Es wird alles so, wie es immer schon war. Absehbar durch zu viel Verwöhnung. Die meisten Eltern atmen schon auf, wenn nichts »schief gegangen« ist.

Achten Sie bitte einmal darauf: Sie können fast sicher sein, Ihr Kind wird mit demselben Gesichtsausdruck – mürrisch, leicht gelangweilt, allenfalls beruhigt, dass es nicht aufgefallen, nicht aus dem Rahm gefallen ist – von der Party zurückkommen. Ihr Kind wirkt am Abend, trotz langer Partystunden, seltsam unruhig, unausgelastet, unausgetobt. Als fehle ihm etwas! Und so ist es ja auch. Und achten Sie bitte nun auch noch darauf, wie lange Sie brauchen, bis Sie die entscheidende Frage gestellt haben: »Na, was haben denn die anderen geschenkt?« Möglicherweise ist das nicht Ihre erste, bestimmt aber Ihre zweite Frage: »Wie war es denn? Was haben denn die anderen geschenkt?«

Sollten Sie sich dabei tatsächlich ertappt haben – das ist keine Schande, den allermeisten Eltern geht es genauso! – dann tun Sie mir einen Gefallen: Lesen Sie bitte dieses Kapitel ruhig und langsam noch einmal. Ganz von vorn. Vielleicht bekommen Sie einen Eindruck davon, dass es um viel mehr geht als nur um eine Geburtstagparty. Es geht um die Frage, wie viel Halt und Bindung, wie viel Be-deutung, innere Deutung und Sicherheit Ihr Kind bei wichtigen sozialen Anlässen von Ihnen mit auf den Weg bekommt.

Die Zeit des Wartens

Es gibt keine Zwischenzeiten mehr: Mit diesen wenigen Worten lässt sich nahezu das ganze Dilemma moderner Kindheit zusammenfassen. Zwischenzeiten – was soll das heißen? Gemeint sind die Zeiten, in denen eigentlich gar nichts passiert. Sie sind im menschlichen Leben oft die wichtigsten. Das neugeborene Baby verbringt den größten Teil seiner ersten Lebensmonate damit, still und vergnügt vor sich hinzudösen, zu schlafen, zu pusten, zu essen und das Gegessene zu verdauen und wieder loszuwerden, kurzum: Am Anfang des Lebens »tun« wir eigentlich gar nichts. Und dennoch reifen wir. Die ersten Lebensmonate, das weiß die psychologische Forschung heute, sind die wichtigsten. Zeit zur Reife. Das ist eben nicht die »Erlebniszeit«. Wenn wir handeln und erleben, verausgaben wir uns. In den Zwischenzeiten aber verweilen und wachsen wir.

> Wenn wir handeln und erleben,
> verausgaben wir uns. In den Zwischenzeiten
> aber verweilen und wachsen wir.

Machen wir es etwas praktischer: Ungeduld ist eine ursprüngliche Eigenschaft von Kindern. Alle Kinder sind ungeduldig. »Sind wir endlich da?«, quengeln die Kleinen auf dem Rücksitz des Autos, während Papa Richtung Süden braust. Im Auto passiert überhaupt nichts. Die mitgenommenen Spiele sind längst verbraucht, die Neugier der Kinder bleibt ungestillt. Draußen zieht Landschaft auf Landschaft vorbei. Für unsere bildergesättigten Kinder ist das alles nur öde. Landschaft ist bestenfalls »background«

für wilde Aktionen irgendwelcher Helden. Aber ein Auto, das sich müde und gleichmäßig (oder von Stau zu Stau) über die Autobahn bewegt, ist alles andere als fesselnd, ist nur langweilig. Sie halten es kaum aus, dort hinten auf dem Rücksitz. Bei jedem Stopp rennen sie jubelnd und schreiend auf das Autobahn-Restaurant zu, als würden sich hinter seiner schwingenden Glastür beglückende Schätze und Geheimnisse verbergen.

Sie lieben alles, selbst diese öden Gebäude, die miserablen Speisen (die sie zu Hause am Abendtisch nicht anrühren würden), die vielen Leute ringsherum (die auch nicht anders aussehen als die auf der Straße vor ihrem Haus). Alles ist interessant.

> **Eltern sind unaufhörlich damit befasst, ihren Kindern Zeit zu stehlen.**

Jedes kleinste Ereignis wird wertvoll, weil sich vorher stundenlang überhaupt nichts ereignet hat. Sie lernen schnell, unsere Kleinen, sie stellen sich schnell um, und auf einmal entwickeln sie wieder, was Kinder aller Generationen vor ihnen auf so wunderbare Weise hatten – sie entwickeln einen Sinn für Details. Für die Winzigkeiten des Alltags, für die Schlupfwinkel, die es an jedem Fleckchen Erde (sogar in der Ödnis eines Autobahn-Restaurants) gibt, für die vernachlässigten Ecken, die Unterseite der genormten Wirklichkeit.

Ja, sie lernen schnell, vier oder fünf Stunden ermüdender Autofahrt haben ausgereicht, um ihre Übersättigung an Aktuellem außer Kraft zu setzen. Alles ist wieder da: die Lust am Abenteuer, der unvergleichliche Kindersinn für das Entlegene, das Dunkle, für die Verstecke hinter oder zwischen irgendwelchen Wänden, das Düstere, kurzum: das Geheimnis. Es verbirgt sich im Alltag vor den Kindern. Wir haben es ihnen in unserer schnellen Welt weggenommen. Eine kleine »lange Weile« reicht aus, um es ihnen zurückzugeben.

Doch aus irgendeinem unverständlichen Grund sind wir Erwachsenen, wir Eltern und Pädagogen (und erst recht die Animateure am Ferienort) unaufhörlich damit beschäftigt, ihnen diese kleine »lange Weile« wieder wegzunehmen. Ich kenne komplette Reiseplanungen, in denen Eltern penibel ausrechneten, wie lange Kinder mit diesem und jenem Spiel wohl zurechtkämen, bevor Langeweile eintritt. Nur das nicht, nur keine Langeweile! Die Eltern haben mehr Angst davor als die Kinder. Dann wird noch ein zusätzliches Gameboy-Spiel mitgenommen, vielleicht noch ein Kindercomputer gekauft, damit die Kleinen auf dem Rücksitz beschäftigt sind. Ja, wir sind unaufhörlich damit befasst, unseren Kindern Zeit zu stehlen. Damit, ich sagte es bereits, stehlen wir ihnen den Sinn fürs Geheimnis. Und ein geheimnisloses Kinderleben ist ein verarmtes.

> Ein Kinderleben ohne Geheimnisse
> ist ein verarmtes Leben.

Ich springe kurz zu einem Gedanken, der uns im Verlauf unserer Überlegungen immer wieder beschäftigen wird. Was ich »Geheimnis« nenne, das ist auch der Sinn für das Kleine, die Differenz, die Feinheiten des Alltags. Der französische Geschichtsphilosoph Michel Foucault sprach von den »Falten« der Welt. Es ist ja offensichtlich, dass wir unseren Kindern den Sinn dafür nehmen, wenn wir sie mit ständig neuen Inszenierungen von Aktualität überschwemmen. Hier ein Ereignis, dort noch eins, hier ein Event und dann rasch in Mamas Auto zum Ballettunterricht ... Es erscheint mir manchmal wie ein Wunder, dass unsere Kinder dabei nicht längst seelisch krank geworden sind beziehungsweise kränker, als sie einem heute oft schon vorkommen.

Aber ich will auf folgende Gedanken hinaus: Wenn diese Kinder in die Schule kommen, dann wird ihnen völlig unvorbereitet und abrupt genau das abgefordert, was wir ihnen vorher weggenommen hatten. Nämlich der Sinn für die Feinheiten, das Logische, das Folgerichtige, kurzum für all das, wofür man viel Geduld und Aufmerksamkeit aufbringen muss. Ohne diesen Sinn für Feinheiten, ohne das Empfinden für die »Falten« der Welt haben Kinder massive Probleme, die Grundformen unserer Kultur zu erlernen, u. a. die Schrift. Schrift ist eine »alphabetische Reihe«. Sie verläuft hochdifferenziert und dabei relativ gleichförmig. Man muss ihre Gleichförmigkeit ertragen, ja, eine gewisse Vorliebe für sie aufbringen, um die unendlich vielen feinsten Differenzen zu erkennen, aus denen die monotone alphabetische Reihe besteht, die plötzlich Geschichten, Romane, Gedichte, Wissen zum Vorschein bringt. Sechsundzwanzig Buchstaben reichen unserer abendländisch-europäischen Kultur, um die ganze Fülle der ideellen und realen Welt zum Ausdruck zu bringen. Sechsundzwanzig Zeichen, nicht mehr. Jedes dieser Zeichen aber ist sehr fein geformt. Ein Zeichen unterscheidet sich vom anderen nur geringfügig. Geduld also ist gefordert, um die Unterscheidung zwischen »h« und »k« zu lernen, ja, um sie auch nur zu »sehen«, um sie »wahrzunehmen«. *Diskriminationen* nennt die Leseforschung bzw. die Entwicklungspsychologie die Fähigkeit, die Schriftsymbole aufgrund feinster Details zu unterscheiden.

Ohne es zu merken, haben wir unseren Kindern das Aufspüren von Geheimnissen unmöglich gemacht.

Man kann aber auf Feinheiten nur achten, wenn sie einem wertvoll erscheinen. Man kann sich mit Ausdauer nur den Dingen zuwenden, die man mit Liebe anschaut. Es liegt auf der Hand, dass die mit Events zugeschütteten Kinder diese Liebe gar nicht haben können. Für viele Kindergenerationen barg die Schrift (die unseren modernen Kindern heute so monoton erscheint) tatsächlich eine Fülle von Geheimnissen. In Büchern lagen sie verborgen, in den Wohnstuben der Eltern standen sie herum – eine Welt des Wissens, eine

Welt der Geschichten, der Legenden. Alle Erwachsenen kannten sie, und die Kinder wollten sie auch kennen lernen. Die Schrift verschaffte ihnen den Zugang zur großartigen Welt des Erwachsenseins. Schrift war Verheißung eigener Ent-faltung, Verheißung eigener Reife. Schrift war ein Ort des Staunens über das Leben. Wie sehr sich dies alles geändert hat! Wir haben unseren Kindern den Sinn für »Diskriminationen« abgewöhnt, wir haben ihnen das Aufspüren von Geheimnissen unmöglich gemacht (freilich ohne es zu merken). Wir haben ihnen den wichtigsten Teil der Zeit – die Zeit des Wartens – genommen oder versuchen zumindest, sie ihnen unaufhörlich zu verkürzen, kurzum, unsere Kinderkultur ist keine Vorbereitung für das Lesen und das Schreiben, das Buch und die Schrift mehr.

In den späteren Kinder- und Jugendjahren unterstützen wir mit übermäßigem TV-Konsum und Gameboys den Erwerb von Schriftkultur auch nicht, wir zerstören ihn. Ist es ein Wunder, dass immer mehr Kinder Lese- und Schreibstörungen haben? Ist es ein Wunder, dass sie immer weniger lesen? Und wenn sie lesen, dann stoßen sie auf Bücher, in denen eifrige Lektoren und die Marketing-Manager der Verlage darauf geachtet haben, dass Action die Reflexion erschlägt, dass die Sätze kurz und knapp sind, dass die Differenzierungen, zu der nur die Schrift fähig ist, unterlaufen werden, wo immer es geht.

Zwischenzeiten, Wartezeiten: Nehmen wir noch ein weiteres und diesmal ganz einfaches Beispiel, um uns vor Augen zu halten, wie bedeutsam sie sind. Stellen Sie sich vor, es ist Weihnachten, die Kinder sind seit Tagen voller Unruhe, Vorfreude, Ungeduld. Die Ungeduld schlägt gelegentlich in Quengelei um.

Dreimal werden wir noch wach, sangen die Mütter früher. Dann zweimal, dann einmal, und schließlich war es so weit. Das war sie, die Zeit des Wartens, der Geduld, die mit ganz besonderen Gefühlen angefüllt war …

Und stellen Sie sich nun ein modernes, liberales Elternpaar vor, das gelernt hat, die Wünsche der Kinder immer an allererste Stelle zu setzen. In der Logik Ihrer Haltung läge es nun, Weihnachten einfach vorzuverlegen. Es entspricht ja den Bedürfnissen der Kinder! Vielleicht ertragen Sie die Quengelei nicht, vielleicht erscheint Ihnen die lange Warterei für Ihre Kinder unzumutbar – wie auch immer, wir stellen uns vor, unser Elternpaar beschließt, Weihnachten nicht am 24., sondern am 12. Dezember stattfinden zu lassen. Die Geschenke werden ausgepackt, der Weihnachtsbaum erstrahlt im Lichterglanz, die Kinder antworten jubelnd auf die Auskunft, dass Weihnachten nicht erst in unerträglichen zwei Wochen, sondern »jetzt«, also »aktuell« ist. Weihnachten als Event.

Ja, sie würden jubeln die Kleinen, sie würden auf die Geschenke zulaufen, sie würden die Verpackung aufreißen, sie würden sich für einen kurzen Moment am Spielzeug freuen. Und dann? Dann würde eine tiefe, lähmende Enttäuschung Platz greifen. Warum? Weihnachten wird eben Weihnachten dadurch, dass es »erwartet« wird. Was plötzlich da ist, ist seelisch nicht vorbereitet. Die Freude wäre kurz, der Jubel verhallte schnell, Weihnachten wäre zu Ende. Die Idee von Weihnachten wäre tot!

Nein, Weihnachten als Event statt Adveniat, das geht nicht. Es müßte dann ja auch sofort ein weiteres Event erfunden werden und dann noch eins …

Die Zeit des Wartens ist die Zeit der beruhigenden, Geduld spendenden Autorität.

Die Zeit des Wartens: Ohne sie gibt es keine Freude, ohne sie gibt es keine tiefe Zufriedenheit. Ohne sie gibt es kein Glück, das immer etwas anderes war als spontane Bedürfnisbefriedigung. Die Zeit des Wartens ist die Zeit der Autorität, der beruhigenden, Geduld spendenden, die »Zwischenzeiten« aushaltenden Autorität. Ohne sie würden Kinder, ihrem Charakter entsprechend, Weihnachten zum Event machen. Alle Kinder aller Generationen hätten es getan. Gute Autorität hat sie davor beschützt.

Felix ist nicht mehr da: Kinder ohne Schutz

»Felix ist nicht mehr da«, sagt mein dreizehnjähriger Sohn. »Weshalb nicht?«, frage ich. Die beiden sind gemeinsam von der Orientierungsstufe – eine sozialdemokratische Merkwürdigkeit der niedersächsischen Schulpolitik – aufs Gymnasium gewechselt, wurden dort in Parallelklassen gesteckt, trafen sich aber regelmäßig auf dem Pausenhof. Nun ist das vorbei. Felix hat die Schule gewechselt. »Weshalb denn eigentlich?«, wiederhole ich meine Frage.

»Felix hatte Ärger«, entgegnet mein Sohn, und da er sonst ausdauernd und ausführlich über die Schule redet, fällt mir sein abrupter Tonfall auf. Da stimmt doch etwas nicht! »Was ist los mit Felix?«, hake ich nach. Mein Sohn druckst herum, dann erzählt er. Felix hatte mit drei als aggressiv bekannten Schülern in seiner Klasse Probleme. Aus irgendeinem Grund – oder aus gar keinem Grund! – hatten sie sich ausgerechnet diesen schmächtigen Dreizehnjährigen als Opfer gewählt. Felix, schon wegen seiner Körpergröße nicht zum Helden geboren, wie mein kleiner Sohn auch, war vielleicht ein besonders leichtes Opfer. Jedenfalls griffen sie ihn auf dem Pausenhof an und bedrohten ihn auf dem Nachhauseweg. Sie warfen, so erzählt mein Sohn, selbst im Unterricht nach ihm.

Das ging einige Zeit so, geredet wurde nicht darüber, zumindest nicht gern. Auch mir hatte mein Sohn nichts erzählt, auch die Eltern, die ich gelegentlich auf der Straße traf, schwiegen. Kein Wort! Es war wie ein Tabu. Mir kam es so vor, als würde die Kinder- und Erwachsenenwelt ge-

meinschaftlich vor der jugendlichen Gewalt an der Schule in Deckung gehen – nur nicht drüber reden, vielleicht
wird ja alles wieder gut.

Vor der Gewalt an den Schulen gehen Kinder und Erwachsene gemeinsam in Deckung.

Das erinnert sehr an *Biedermann und die Brandstifter* in
dem gleichnamigen Stück von Max Frisch. Nur die Wahrheit nicht zur Kenntnis nehmen, nur die Augen zumachen.

Mit den Lehrern war es nicht besser. Die Eltern berich-
teten später, als ich sie darauf ansprach, dass sie bei den
Lehrern und sogar der Rektorin des angesehenen Gymna-
siums um Hilfe nachgefragt hatten. Aber die bekamen sie
nicht. Ihre Konflikte sollen die Kinder selbst austragen,
wurde ihnen beschieden. Das ist auch ein vernünftiger pädagogischer Grundsatz, der in den Sechziger- und Siebzigerjahren in der Lehrerausbildung verbreitet wurde. Für
die damalige Zeit galt er, für die heutige nicht mehr. Die
Verhältnisse in unseren Städten sind gewalttätiger geworden, in den Kinder- und Jugendkulturen erst recht. Auf
den Pausenhöfen reguliert sich nichts mehr von selbst.
Und wie immer, wenn Ordnungsfaktoren nicht eingreifen, sondern versagen, sind die Schwächeren die Leidtra-
genden. So war es auch hier.

Felix verließ, nach langem hilflosen Hin- und Herreden
der Erwachsenen die Schule und besucht jetzt ein katho-
lisches Gymnasium. Auf dieser von Nonnen geleiteten
Privatschule hofften die Eltern ein gewaltfreies Refugium
zu finden. Auf der staatlichen Schule jedenfalls war Felix
nicht zu helfen. Die Lehrer zuckten mit den Achseln, und
Felix machte die Erfahrung, dass er im Konfliktfall völlig
allein ist. Er – nicht die Schläger – musste die Schule wechseln, er musste die Freunde und die Lehrer verlassen und
überhaupt sein ganzes kleines Leben auf den Kopf stellen,
nur weil ihm Gewalt drohte. Gewalt von anderen, gleichaltrigen Kindern! Es ist eigentlich nicht zu fassen.

Dieser Vorgang ist ein weiteres Beispiel dafür, wie Eltern und in gewisser Weise auch Lehrer sich selbst abschaffen. Felix hat erlebt, dass es für ihn keinen Schutz gibt. Für ihn bedeutet das: Was immer seine Eltern oder die Lehrer versucht hatten, ihm an Verhaltensweisen, Tugenden und Werten plausibel zu machen, war damit für eine gewisse Zeit und vielleicht für immer ad acta gelegt. Werte, die keine Ordnung herstellen und durchsetzen, Tugenden, die die Erwachsenen selbst im Alltag nicht durchhalten, gelten Kindern nichts. Das kann uns nicht weiter wundern. Autoritäten, die Tugenden und Werte vermitteln und gleichzeitig nicht in der Lage sind, ein Kind gegen den Bruch dieser Werte, den Verstoß gegen diese Tugenden zu schützen, haben keine Bedeutung. Sie sind so unglaubwürdig wie die Sexualmoral eines Bordellbesitzers.

Kinder sollen ihre Konflikte selbst austragen – dieser Grundsatz kann heute nicht mehr gelten.

Ich wollte versuchen, zumindest für meinen eigenen Sohn den Schaden in Grenzen zu halten, denn Kinder lernen nicht nur an ihrem eigenen Schicksal, sondern auch an dem ihrer Freunde. Ich wollte verhindern, dass auch mein Kind daraus die Folgerung zieht, die Felix mit Sicherheit gezogen hat. Auf die Erwachsenen kann man sich nicht verlassen, sie sollen einfach die Klappe halten. Ich versuchte meinem Sohn deutlich zu machen, dass ihm dies nicht passieren könne: »Ich hätte im Lehrerkollegium und im Rektoratszimmer keine Ruhe gegeben. Ich hätte nicht nachgelassen, bis ein Elterngespräch aller Beteiligten anberaumt gewesen wäre. Ich hätte auch dann nicht nachgelassen, wenn dieses Elterngespräch im Sande verlaufen wäre.« (Was bei der erzieherischen Haltung vieler Eltern durchaus möglich gewesen wäre.) »Ich hätte«, ergänzte ich, »im Notfall selbst eingegriffen. Nichts und niemand hätte mich davon abgehalten, gegebenenfalls ins Klassenzimmer zu rauschen, mir einen der

Brandstifter vorzuknüpfen und ihm deutlich zu machen, dass ein wiederholter Angriff auf *meinen Sohn* ihm schlecht bekommen würde.« Ich bin sicher, es hätte gewirkt. Für solche Wirksamkeit gibt es gute Beispiele. Aus der Stadt Halle ist zu hören, dass sie bis vor einem Jahr unter dem Diktat rechtsradikaler Schläger stand. Erst seitdem die Polizei und Ordnungsbehörden konsequent jede kleinste Gewalttat verfolgen und in der Verfolgung nicht resigniert nachlassen, ist das Risiko für die Schläger groß geworden. Schläger sind feige, sie sind nicht nur gemein, sie verkriechen sich. So war es in Halle. Man sagt, man kann dort als Italiener, Türke oder Schwarzer abends wieder beruhigt durch die Stadt gehen. Mir scheint, gegen gewalttätige Kinder und Jugendliche gibt es nur ein Rezept: erst bestrafen, dann mit ihnen reden. Der umgekehrte Weg führt zu nichts. Er wird als Schwäche ausgelegt, die diese wenig reflektionsbegabten jungen Menschen als ihren persönlichen Triumph verbuchen, den man ihnen nicht gestatten darf. Man darf es vor allem nicht, um die ohnehin unsicheren sozialen Bindungen und Tugenden der anderen Kinder nicht weiter zu beschädigen.

Schutz und Autorität gehen Hand in Hand.

Dies alles gilt ebenso für Schulen, für Jugendheime und für die Familien. Es gilt für den öffentlichen wir für den privaten Raum. Niemand sollte sich anmaßen, einem Kind Vorschriften zu machen, wenn er dasselbe Kind nicht vor Gefahren schützen kann. Schutz und Autorität gehen Hand in Hand. Autorität gegenüber Kindern macht nur Sinn, wenn die dabei vertretenen Normen, die geforderten Tugenden für alle gelten. Wenn sie einen Ordnungsrahmen bieten, auf den ein Kind sich verlassen kann. Nur in dieser Verlässlichkeit empfindet es Verbindlichkeit. Nur wo Verbindlichkeit ist, können Werte verinnerlicht werden. Wer als Vater seinen Sohn den Gewalttätigkeiten anderer Kinder überlässt, setzt dies alles aufs Spiel.

Warum Kinder gelegentlich einen kräftigen Streit brauchen

»Ja, ist denn schon Weihnachten?«, fragt der berühmte Fußballspieler verblüfft. Beckenbauer suggeriert in dem Werbespot einer Handy-Firma, dass mit Hilfe von Technologien und günstigen Preisen eigentlich jeder Tag Weihnachten sein könnte. Ein uralter Kindertraum! Aber wie es mit Träumen so ist: Wenn sie in Erfüllung gingen, wären sie nur noch furchtbar.

Zu Weihnachten erfasst viele Familientherapeuten eine Art Panik. Sie wissen, dass ihre Praxen wieder überlaufen sein werden. Sie berichten von Wutausbrüchen, Panikanfällen, Tränenstürzen. Weihnachten ist das Fest der Familie, aber genau das scheint der Familie nicht gut zu bekommen. In vielen Familien bricht gerade zu Weihnachten ein heftiger Unfriede aus.

Die Psychologen wissen auch, weshalb. Weil diese kleine störbare Gemeinschaft Familie zu Weihnachten überfrachtet wird – mit Hoffnungen, mit Erwartungen, mit Harmoniewünschen. Was folgt daraus? Natürlich eine bittere Enttäuschung, der Absturz in die Realität. Und da der Absturz so tief und der Aufprall so heftig ist, gibt es emotionale Erschütterungen. Sie führen dann direkt in die Beratungsstuben der Familientherapeuten. Das tun sie zumindest im besten Fall. In den schlimmeren und vermutlich häufigeren Fällen führen sie zu tiefer Verbitterung.

Man kann jeder intakten Familie nur raten, Weihnachten nicht mit allzu vielen Hoffnungen und Erwartungen zu verbinden, nicht allzu viel Harmoniewünsche in das kleine Fest hineinzustopfen, bis es aus allen Nähten platzt. Zu viel Harmonie ist schädlich, ähnlich wie zu viel Kuchen und Süßigkeiten an den Feiertagen. Harmonie schmeckt gut, aber im Übermaß genossen, erträgt man sie nicht. Sie führt zu Bauchschmerzen, Übelkeit und Ablehnung. Von nichts kann man so leicht und vollständig übersättigt werden wie von Sahnetorte und Harmonie.

> Harmonie schmeckt gut – aber im Übermaß genossen, erträgt man sie nicht.

Dies gilt natürlich noch viel mehr, wenn eine Familie sich so einzurichten versucht, als sei gewissermaßen »das ganze Jahr Weihnachten«. Ich meine damit die Familien, die jeden Tag versuchen, Harmonie, Konfliktfreiheit und liebevolle Gefühle zu leben, und die tief enttäuscht sind, wenn dies nicht gelingt. Ich spreche von den Familien, in denen Eltern Disharmonien ganz schlecht ertragen, die Mütter mit Kopfschmerzen und die Väter mit Depressionen reagieren, wenn es Streit gibt.

Streit gehört zum Leben – keiner weiß das so gut wie Kinder. Sie streiten dauernd, und weil sie so gut streiten können, ist alles auch schnell wieder vergessen. Der beste Freund ist der, mit dem es wenigstens einmal am Tag eine kräftige Auseinandersetzung gibt. Hat man sich »auseinander gesetzt«, kann man sich auch wieder annähern. Das trainiert die Freundschaft und die Bindungen. Zwischen Kindern und Eltern ist es nicht viel anders.

Dass es in Familien manchmal Streit geben muss, das sagen sogar Familienratgeber und Frauenmagazine. Aber sie meinen natürlich keinen echten, sondern einen »friedlichen« Streit. Einen mit festen Regeln, in dem man »ich« statt »man« sagt und allerlei sonstige psychologische Techniken beachtet. Die sollen dafür sorgen, dass ein Streit nicht ausufert. Aber oft hat man das Gefühl, sie sollen dafür sorgen, dass der Streit gar kein *richtiger* Streit wird, sondern allenfalls eine Vorform, ein Ansatz, ein Beinahe-Streit.

Solches Streiten wird heute breit akzeptiert, aber richtiger Streit, ein harter Konflikt, die Wut eines Kindes und der Zorn eines Vaters, das Geschrei eines Kindes und das Heulen der Mutter erträgt man nicht. Das gehört aber auch zum Leben einer Familie! So wie die Hitze zum Sommer und der Matsch zur Schneeschmelze. Eines ist ohne das andere nicht zu haben. Pure Harmonie und pure Gefühlsseligkeit zwischen Eltern und Kindern und zwischen Vater und Mutter, Mann und Frau gibt es eben nicht. Es wäre wahrscheinlich auch tödlich langweilig.

Sehen wir uns einmal in unseren Familien um. Ist es nicht oft so, dass alle Konflikte sozusagen auf einer halbgaren Sparflamme ausgetragen werden? Gegebenenfalls versammelt man sich eben einträchtig vor dem Fernsehapparat, der alle Aufmerksamkeit und alle Gefühle auf sich zieht.

Kinder brauchen Konflikte — viel mehr als Grenzen.

Streit vermeiden und dauernde Harmonie herstellen! Auf allen Ebenen ist dies in unserer Gesellschaft und unserer Kultur zu einem Kernpunkt menschlicher Beziehungen geworden. Zwar macht das Wort Konfliktfähigkeit die Runde, aber mir scheint, dass damit eher die Vermeidung von Konflikten als ihre Austragung gemeint ist. Für das Verhältnis von Eltern und Kindern ist diese Entwicklung schlichtweg fatal.

Unser Merksatz lautet: Kinder brauchen Konflikte. Sie brauchen Konflikte viel mehr als Grenzen. Sie brauchen Konflikte auch viel mehr als Märchen! Kinder brauchen auch nicht unbedingt einen Computer, aber Konflikte brauchen sie. Nur durch Konflikte können sie lernen, wie man mit der eigenen Wut umgeht, wie man sie aktiv erlebt und dann doch ein bisschen schon mal bewältigt, bevor man sie ausspricht, »rauslässt«. Nur durch Konflikte können sie lernen, klar und deutlich auf ihren Wünschen oder ihrem Standpunkt zu beharren, auch wenn das Risiken und möglicherweise Konsequenzen, Strafen nach sich zieht. Nur durch Konflikte können sie lernen, mutig zu sein. Und nur durch Konflikte können sie lernen, wann es einmal vernünftig sein kann, ein wenig feige zu sein. Konflikte sind ein hervorragender Lehrmeister. Die Seele eines Kindes kann ohne sie gar nicht reifen.

Aber Konflikte brauchen ein Gegenüber. Ich kann zwar auch mit mir selbst im Konflikt liegen, doch solche Konflikte, die nur »innen« ausgetragen werden, sind schon für Erwachsene meist wenig lehrreich, oft nur seelisch belastend. Für Kinder sind sie unerträglich.

Wir alle – Kinder wie Erwachsene – wollen unsere Konflikte auch gern nach außen tragen. Wir wollen unsere Konflikte – und damit uns selbst – laut werden lassen, ihnen Laut geben. Das heißt: ausagieren, austoben und wüten! Wenn mir dies untersagt wird, dann, so lehrt die Psychologie seit 100 Jahren, ziehen sich die Konflikte nach innen zurück. Für das kleine, unfertige Kinder-Ich werden sie dann zur wirklichen Seelengefahr.

Mit anderen Worten: Wer für seine Kinder nicht ein gutes Gegenüber ist, mit dem sie auch mal richtig streiten können (ernsthaft, nicht spielerisch!), der setzt sie inneren Zerreißproben aus, die für die kindliche Entwicklung riskant sind. Wer den Konflikt scheut, schadet dem Kind. Sehen wir uns nur um: Wie viele Kinder in wie vielen Familien dürfen wirklichen Streit erleben und ausleben?

Konflikte müssen gelebt werden

Haben wir nicht oft den Eindruck, dass wir jeden Tag, ja, geradezu auf Schritt und Tritt Kindern begegnen, die nicht wissen, wohin mit sich selbst? Die freier und ungebundener leben dürfen als je eine Kindergeneration vor ihnen und trotzdem seltsam unglücklich wirken. Vielleicht ist unglücklich nicht das richtige Wort. Ich sollte lieber sagen: »unheil« wirken. Und Unheil *be*wirken, vor allem für sich selbst, oft auch für ihre Umgebung. Damit sind wir beim Thema der wachsenden Gewaltbereitschaft unter Kindern. Dies alles, scheint mir, ist Ausdruck eines tiefen und inneren Ungleichgewichts. Heil ist nur das, was in einer richtigen Balance steht. Der Balance zwischen innen und außen. Konflikte, wie gesagt, müssen nach außen getragen, aus-getragen werden. Das ist natürlich nur die eine Seite. Die andere Seite ist: Sie müssen auch im Innern verarbeitet und bewältigt werden. Im Innern verarbeitet werden sie aber nur, wenn sie zunächst zum »Aus-druck« gekommen sind. Das gilt für die menschliche Psyche ganz allgemein, gilt aber besonders für die Entwicklungschritte in den Kinderjahren: Alles, was mich im Innern beschwert, muss erst einmal nach außen gekehrt werden. Dazu muss es gelebt, erlebt werden, dazu brauche ich den anderen, das Gegenüber. Erst dann kann ich mich auch in meinem Innern mit den Ursachen des Konflikts auseinander setzen. Ich brauche also einen Menschen, mit dem ich den Konflikt »aus-*halten*« kann, einen Menschen, an dem und mit dem ich durch den Konflikt Halt finden kann. Ich brauche jemanden, der, indem er mir das Austragen des Konfliktes ermöglicht, mir auch die Voraussetzung für die innere Auseinandersetzung bietet.

Für Kinder kann dieses Gegenüber nur ein Erwachsener sein, am besten Papa oder Mama.

Alles, was uns im Innern beschwert,
muss erst einmal nach außen gekehrt werden.

Jede Kindheit, mag sie noch so glücklich verlaufen, steckt auch voller seelischer Probleme, Trauer, Ungeduld, Hoffnung und Hoffnungslosigkeit. Jede Kindheit braucht dieses Spektrum der Gefühle, und jedes dieser Gefühle kann erst dann wirklich zum Reifen des kindlichen Ich beitragen, wenn es *zum Ausdruck gebracht* worden ist. So kompliziert ist das, und letztlich ist es doch ganz einfach.

Vertraut ist mir ein Mensch doch erst dann, wenn er mit mir gemeinsam Konflikte aushält, und verlässlich ist er erst, wenn er an meiner Seite bleibt, obwohl ich mich mit ihm im Konflikt auseinander setze. Nur der ist verlässlich, der vor meinen Schwierigkeiten nicht zurückschreckt. Auch dann nicht, wenn ich sie heftig, ungeduldig oder ungerecht oder viel zu lautstark ausdrücke.

In früheren Generationen wurden Kinder für das Ausagieren von Konflikten bestraft. Das war ein schwerer Fehler, wir wollen diesen Erziehungsstil ganz bestimmt nicht wiederbeleben. Heute dürfen Kinder ihre Konflikte zwar ausagieren, laufen dabei aber ins Leere. Und das ist auch nicht viel besser.

Wieder werden sie mit ihren Problemen allein gelassen. Wieder finden sie den Halt, das Gegenüber nicht, an dem sie ihre Konflikte, ihre inneren Spannungen überhaupt erst bewusst erleben können. Der Konflikt oder das Problem zerfließt und ergießt sich sozusagen in die unfertigen kindlichen Seelen. Und so, wie früher unangemessene Strafen Kinderseelen beschädigten, so beschädigen heute die zerfließenden, nicht »aus-gehaltenen« Konflikte die Seelen unserer Kinder.

Drogen – für manche kommt jede Hilfe zu spät …

Im Drogenbericht 2000 erklärte die Drogenbeauftragte der Bundesregierung, dass immer mehr Jugendliche – »ohne Risikobewusstsein«, sagte sie – harte Drogen, vor allem Ecstasy und Kokain nutzen, und dass das Einstiegsalter weiter sinke. Die Zunahme wird nach Toten gemessen, 12 Prozent mehr Jugendliche starben 2000 an Drogenkonsum als im Jahr zuvor.

Diese Zahlen sind entsetzlich, sie müssten uns alle zu einem radikalen Umdenken zwingen.

Die verbreitetste illegale Droge ist nach wie vor Cannabis. Immerhin sind mehr als ein Viertel aller Jugendlichen mit dieser Droge in Berührung gekommen. Angesichts der Ausweitung des Drogenmissbrauchs lässt sich offenkundig die liberale Position der Siebzigerjahre nicht aufrechterhalten. Damals meinten viele, dass Cannabis oder Marihuana vergleichsweise unschädliche, gesundheitlich unbedenkliche Rauschmittel seien. Die in dieser Argumentation angedeutete Abwehr von staatlichen Kontrollen – »Wir machen, was wir wollen, staatliche Instanzen sollen sich da raushalten!« – entsprach einem Zeitgeist, der vor zwanzig Jahren möglicherweise legitim war. Heute, angesichts eines dramatischen Legitimationsverlusts von öffentlichen Normen ist er es nicht mehr. Heute gilt es auch relativ unbedenkliche Drogen – die immerhin zum Einstieg in die Drogenkultur verführen können – zu tabuisieren.

Aber trotzdem bleibt richtig, dass Zigaretten und Alkohol gefährlicher als Marihuana oder Cannabis sind, auch hier steigt die Zahl der jungen »User«. Fast 40 Prozent der Zwölf- bis Zwanzigjährigen rauchen, das Einstiegsalter liegt im Durchschnitt bei 13 Jahren, also niedriger als je zuvor. Ähnlich wie die Entwicklung der Kinder- und Jugendkriminalität ist dies ein Signal. Es muss ernst genommen werden.

> Heute gilt es, auch vergleichsweise
> unbedenkliche Drogen zu tabuisieren.

Sucht ist Haltlosigkeit, ist Hilf- und Heillosigkeit. Nach all dem, was wir bisher erfahren haben, kann sie uns nicht überraschen. Haltlose Menschen finden sich in der Welt nicht zurecht. Aus einer weitgehend ungeordneten, weitgehend – wie ich skizziert habe – chaotisch auf sie einstürzenden Welt, die immer auch Angstpotenziale in sich birgt, empfangen die modernen Kinder keine oder zu wenig Selbstbestätigung.

Was meine ich damit? Bestätigung kann ich aus einer Umgebung, einer Umwelt nur bekommen, wenn ich mich in ihr einigermaßen auskenne. Nur in einer im Großen und Ganzen vertrauten Welt kann ich *regelhaft* meine Ziele setzen, meine geistigen und körperlichen Möglichkeiten *planmäßig* einsetzen, meine Talente erproben. In einer Umwelt hingegen, die ständig mit neuen Sensationen aufwartet, die mich ständig mit neuen Versprechungen überschüttet, die mir ständig neue attraktive Medienbilder unter die Nase reibt und mich auffordert, es ihnen gleichzutun – in solch einer undeutlichen Welt fällt die zielgerichtete Anstrengung schwer.

Überschaubares Planen wird uns allen schwer gemacht. In der medienbestimmten Freizeitwelt der Kinder und Jugendlichen gilt dies in verstärktem Maße. Zlatko war für kurze Zeit ein Star, Verona ist immer noch einer. Ist das jene Art von Erfolg, der die Identität eines Menschen dauerhaft zu stützen und zu stabilisieren vermag? Nein, natürlich nicht. Im Vergleich zu diesen Erfolgsgeschichten, die unseren Kinder mächtig imponieren, fallen die kleinen machbaren Alltagserfolge, die Kinder mit Anstrengung und zielgerichtet erlangen können, massiv ab. Der private Alltag gilt nicht viel. Für viele Kinder machen diese alltäglichen Bemühungen »irgendwie« wenig Sinn. Sie führen zu Ergebnissen, die doch nicht richtig befriedigen, und der richtige, der große Erfolg zeichnet sich ohnehin noch nicht ab. So stürmen die Aktiveren die Casting-Büros der Agenturen, lauern bei jedem miesen Platten- oder Schönheitswettbewerb auf ihre Chance, und für die anderen versinken ihre Zukunftspläne in einem diffusen Irgendwo und Irgendwann. Mal sehen, was kommt; planen und erarbeiten kann man sich die Dinge, auf die es ankommt, ohnehin nicht.

> Viele Jugendliche spüren eine verschwommene Leere in sich und greifen deshalb zu Suchtmitteln.

Ein kindlich-jugendliches Ich ohne ausreichende Bestätigung, ohne Verlässlichkeit in den Kontakten und Bezügen um sich herum, ist hochgradig gefährdet. Denn in gewissem Sinn bleibt es innerlich leer. Unsere Jugendlichen, die oft noch Kinder sind (viel mehr, als sie wahrhaben wollen), spüren diese Leere, wenn auch verschwommen. Sie müssen sich also »füllen«, sie wollen voll werden. Vollständig. Damit ist der Weg zu Essstörungen (vornehmlich bei Mädchen) und Hyperaktivität (vornehmlich bei Jungen) und zur Einverleibung von Suchtmitteln bei Jungen wie Mädchen geebnet. Drogen treiben sie weg vom leeren Ich, irgendwohin.

Erinnern Sie sich, was ich an anderer Stelle über die früheren Kinderjahre gesagt habe? Überimpulsiv rennen die Kleinen im Kindergarten hin und her und kommen kaum zum Spielen, finden aber auch bei ihren »geliebten« Kindergärtnerinnen wenig Halt und, weil auch die engagierteste Kinderbetreuerin irgendwann genervt ist, wenig Liebe; mit viel Eifer und wenig Geduld stürzen sich die Erstklässler auf die alphabetischen Zeichen, das A und das B und das C, und bringen doch nicht genug Ausdauer mit, um das Schreiben flüssig zu lernen und bleiben mit ihren Bemühungen irgendwo stecken; in den Sportvereinen sieht es nicht anders aus, auch beim Fußballspiel auf der Wiese nicht: Zu oft fehlt die Geduld für den richtigen Pass, der Nebenmann wird übersehen, wenn man nur auf die eigenen Füße, die eigene Ballbeherrschung achtet.

Sie haben nicht gelernt, auf die Welt einzugehen. Insofern empfangen sie von ihr zu wenig positive Signale. Viel zu wenig Bestätigung. Viel zu wenig Lob. Sie holen sich das Lob also bei sich selbst, aber das reicht nicht. Kein Mensch kommt ohne die Bestätigung der anderen, der Umwelt aus. So wirken viele sehr junge Jugendliche auf den ersten Blick oft selbstsicher bis zur Arroganz, aber wenn man genau hinschaut, spürt man hinter der »großen Klappe« die Unsicherheit. Diese Kinder wirken oft so, als gehöre ihnen die Welt allein und sind letztlich eben doch nur dies: allein.

Richtig verstandene Autorität schützt vor Sucht.

Ursache dieses tief greifenden kindlichen Unglücks ist der Mangel an Ordnungsstrukturen. Sie sind diesen Kindern nicht oder nicht ausreichend beigebracht worden. Ohne Autorität sind sie aber nicht beizubringen. Ordnungen sind Abstrakta, sie sind nicht *natürlich*. Sie müssen gelernt werden.

Dieses Lernen geschieht nicht ohne Widerstand. Widerstand wird nicht ohne Druck, enge Führung, Lenkung und Schutz von Seiten der Eltern überwunden.

Wenn also Kinder in ihren frühesten Entwicklungsschritten beim Erlernen praktischer und symbolischer Ordnungen weitgehend sich selbst überlassen bleiben, allein bleiben, dann stehen sie spätestens beim Eintritt in die Schule verwirrt und tief verunsichert vor einer Welt, die sie mit Aufgaben füttert, derer sie nicht Herr werden. Dann fangen sie an, herumzuprotzen oder um sich zu

schlagen. Sie sind schüchtern und aggressiv zugleich, auf-
trumpfend und unsicher. Sie sind mit anderen Worten
haltlos und heillos. Beides wächst sich mit der beginnenden Pubertät zur Katastrophe aus.

Die Sucht erscheint schließlich als Lösung aller Probleme. Die Sucht führt heraus aus der Realität mit ihren
dauernden Überforderungen und hinein in eine Selbst-
liebe, die sich nicht beweisen und nicht erproben muss.
Die Sucht führt in euphorische Zustände, sie gibt sozusagen der auftrumpfenden Arroganz Recht, zumindest so
lange sie andauert.

Die Verführbarkeit durch Suchtmittel ist (auch) ein
Symptom für die Selbstabschaffung der Eltern, die Vermeidung von Erziehung, die Aushöhlung familiärer Geborgenheit. So einfach ist das. Gewiss, nicht bei allen Kindern nimmt die Verwöhnung und seelische Verwahr-
losung derart dramatische Formen an, wie ich sie hier
skizziere. Meist bleibt es bei beginnenden, drohenden, gerade noch aufgefangenen Dissozialitäten, drohenden und
gerade noch vermiedenen Drogen- und anderen Süchten
oder Essproblemen oder Depressionen. Oft geht es gerade
noch gut! Aber bei einer wachsenden Zahl von Kindern
und Jugendlichen eben nicht, wie der Drogenreport 2000
ausweist. Und für manche kommt jede Hilfe zu spät ...

Schule macht Lehrer krank – und was ist mit den Kindern?

Hamburg schlägt Alarm. Eine aktuelle Untersuchung hat ergeben, dass nur zehn Prozent aller Lehrer in Hamburg gesund das Rentenalter erreichen. Fünfzig Prozent sind wegen Nervenleiden dienstunfähig. Das Oberverwaltungsgericht hat jetzt von der Schulbehörde gefordert, dass eine Belastungsanalyse durchgeführt wird. Die Behörde aber weigert sich. Vermutlich fürchtet sie die Ergebnisse. Nun gilt die allererste Sorge der Eltern nicht dem Wohlergehen von Lehrern. Eltern erwarten jedoch, dass ihre Kinder in den staatlichen Schulen auf eine vernünftige und menschliche Weise in die kulturellen Grundfertigkeiten eingeführt werden. Das ist aber keineswegs der Fall. Hamburg ist nur ein Beispiel, in anderen Bundesländern sieht es nicht anders aus.

Die längst überfällige Dokumentation zeigt, wie sich in unseren Schulen eine Art Teufelskreis auftut – mit verhängnisvollen Auswirkungen auf Kinder, Lehrer und Eltern. Die Kinder werden vom ersten Schuljahr an in eine Leistungs- und Tretmühle gezwängt, der sie sich widersetzen. Die Lehrer stehen unter dem vermeintlichen oder tatsächlichen Druck eines Lehrplans, der kaum Spielräume lässt. Den Einsichten einer Reformpädagogik (die nicht eben auf das Informationszeitalter zugeschnitten, aber immer noch besser als der heutige, starre Leistungsunterricht ist) wird behördlicherseits nicht die geringste Beachtung geschenkt. Ein paar Schlagworte trudeln regelmäßig durch die Diskussion, mal ist es die Binnendifferenzierung, mal die Handlungsorientierung, sie dienen aber im Wesentlichen dazu, einige universitäre Schulpädagogen zu beschäftigen. Im schulischen Alltag spielen sie keine Rolle.

In unseren Schulen tut sich
eine Art Teufelskreis auf – mit verhängnisvollen
Auswirkungen auf Kinder, Lehrer und Eltern.

Die Lehrer geben den Druck weiter, teilweise mit massiven Methoden, um das auch mal auszusprechen. Und die Kinder, auf vielfältige Weise von Schule überfordert, reagieren immer vehementer, wirrer, unkonzentrierter und verängstigter. Und die Eltern? Sie haben Angst. Angst in jeder denkbaren Ausprägung: Was wird ohne gute Schulnoten aus meinem Kind? Das ist die Leistungsangst. Wird mein Kind bei diesen täglichen Angstanfällen/Wutanfällen/Brechanfällen irgendwann körperlich oder seelisch krank? Das ist die Angstangst. Und wie, um Gottes willen, soll das alles weitergehen? Das ist die Zukunftsangst.

Für viele Kinder ist Schule schwierig, für manche ist sie unmöglich. Was können Eltern dabei tun? In der öffentlichen Diskussion ist regelmäßig die Rede davon, dass die Kinder nicht ordentlich versorgt werden, dass ihnen die grundlegenden Werte fehlen, vor allem vermissen sie ein vernünftiges Frühstück. Bewegung fehlt ihnen, Betreuung fehlt ihnen, es fehlt überhaupt an allen Ecken und Enden, und Fernsehen ist auch ganz schädlich. Das ist so ungefähr der Tenor, der den ratlosen Eltern von Seiten der Schule entgegenschallt, unlängst übrigens auch von der Titelseite der angesehenen Wochenzeitung *Die Zeit*. Die Eltern sind schuld und damit basta.

Die Eltern sind schuld – das ist
allenfalls die Hälfte der Wahrheit.

Nun, das ist immerhin schon mal die Hälfte der Wahrheit, wenn auch sehr ungenau formuliert. Werte fehlen den

Kindern wirklich, doch woher nehmen? Darauf kommen wir noch. Und dass mit einem guten Frühstück die Schulprobleme aus der Welt geschafft wären, ist eher unwahrscheinlich. Fernsehen im Übermaß macht wirklich ein bißchen dumm, das stimmt schon. Aber merkwürdigerweise behaupten dies ausgerechnet die Pädagogen, die ansonsten für Familienkonferenzen und freie Diskussionen im Familienrund plädieren. Sollen Eltern das Fernsehverbot etwa auf die Tagesordnung der nächsten Gordon'schen Familienkonferenz setzen?

Sie machen es sich zu leicht, die Herren Erziehungsexperten ebenso wie die Schulbürokratie und viele Lehrer. Und viele Eltern natürlich auch.

Was also geht an unseren Schulen vor sich?

Es ist wohl so, dass zwei verhängnisvolle Entwicklungslinien der modernen Gesellschaft ineinander wirken. Sie verdichten und potenzieren sich. Sie erzeugen Leid.

Die eine Linie ist die gewisse Willkür des Willens und Wünschens, mit der die Kinder in den ersten fünf oder sechs Lebensjahren erzogen werden – darüber habe ich bereits gesprochen. Die andere Linie besteht aus den Leistungsaufforderungen, die immer rigider, der Kontrolle über die Kinder, die immer dichter, und der Lebendigkeit von Kindheit, die immer weiter eingeschränkt wird. Eine von beiden Entwicklungen wäre schlimm genug, beide gemeinsam führen in die Katastrophe.

> Die Welt ist mir stets zu Diensten – das ist die unerschütterliche Grundüberzeugung vieler Kinder im Vorschulalter.

Beginnen wir mit der kindlichen Willkür: Fünf Jahre lang haben die Kleinen gelernt, dass die Welt ihnen zu Willen ist. Sie wollen und wünschen und wollen noch mehr, und jeder Wunsch wird erfüllt. Falls nicht, greifen die Kleinen zu der Option, die Eltern und andere Erwachsene (und die Natur, die willfährige) ihnen beigebracht haben: Sie kreischen und toben so lange, bis irgendein entnervter Erwachsener nachgibt.

In den Kindergruppen (auf Spielplätzen, Sportplätzen oder im Kindergarten) prallen die sozial ungeübten Kinder mit ihren Wünschen und ihrem starren Willen dann aufeinander. Dies erzeugt überall dort, wo sich die Kleinen tummeln, ein merkwürdig geladenes, aggressives Klima. Zu Hause sind sie dann wieder die »Kings« und lecken sich die Wunden des kindlichen Existenzkampfes.

An ihrer Grundüberzeugung ändern diese Streitigkeiten im Kindergarten oder auf dem Spielplatz gar nichts. Ihre Grundüberzeugung lautet, dass die Welt für sie und nur für sie allein da ist. Jeder andere ist damit automatisch ein Rivale. Jedes andere Kind wird zunächst einmal neidisch oder misstrauisch beäugt – eine Art Naturzustand, wie ihn Thomas Hobbes mit der griffigen Formel »Der Mensch ist des Menschen Wolf« beschrieben hat. Das ist die Konsequenz jenes Mangels an Erziehung, wie ihn die Kinder im Vorschulalter tagtäglich erleben.

Mit solchen Grundüberzeugungen und Verhaltensweisen kommen sie dann in die Schule.

Soziales Lernen spielt in unseren Schulen keine Rolle. Das ist die eine Seite. Aber wichtiger ist Folgendes: Die Dinge, die in der Schule gelernt werden, haben in sich selbst einen kulturell-sozialen Charakter. Und das wird unseren sozial ungeübten Kleinen nun zum Verhängnis. Ich will es kurz am Beispiel des Schreibens erläutern: Schreiben ist eine geordnete Tätigkeit. Sie folgt elementaren Regeln, an denen nichts zu ändern ist. Schreiben bindet die Fülle der Welt und die Fülle der Wünsche und Sehnsüchte in das engmaschige Netz von nur sechsundzwanzig Zeichen. Eine verengte, verdichtete, hochkonzentrierte Welt ist es, die auf dem Papier aus lauter einzelnen Zeichen entsteht. Eigentlich ist dies ein wunderbarer, fast magischer Vorgang, den das Menschengeschlecht hervorgebracht hat. Er ist aber für die ungeübten Kinder eine Zumutung. Schreiben und Lesen verlangt Aufmerksamkeit für Details und Differenzen, kurzum: Es verlangt ein hohes Interesse für etwas, das eben nicht »Ich« ist.

Als sei dies nicht alles schon schwierig genug, tritt nun ein zweites Problem hinzu. Nahezu von Anfang an werden die Kinder in der Schule getestet, geprüft und in maßlose Leistungsbewertungen und Leistungsvergleiche gezwungen. Dies bringt die Dinge zum Kippen. Keines dieser Kinder ist so stabil, dass es einen Leistungsvergleich aushält, denn Vergleichen heißt immer auch, weniger zu sein als andere. Irgendjemand ist immer besser, für viele Kinder sind die meisten Klassenkameraden besser, für manche sogar fast alle. Das muss man aushalten können, das muss man ertragen können. Bewertung und Vergleich sind ganz und gar unkindliche Methoden, eine vernünftige Schulpädagogik würde nichts davon dulden (zumindest nicht vor dem 14. oder 16. Lebensjahr).

Aber so kinderfreundlich sind wir eben nicht. Andere Länder sind uns da voraus. Wir sehen in den Schulen (aber auch in den Gesprächen der Eltern untereinander) geradezu eine Bewertungs- und Benotungswut. Ständig werden irgendwo und zu irgendwelchen Zwecken Tests eingesetzt – in der psychologischen Beratung ebenso wie in der Schule – , die ein Netz der Bewertung und der verobjektivierenden Betrachtung über das lebendige Dasein der Kinder werfen. Darin verfangen sie sich, unter diesem vermeintlich objektiven Überwachungsdruck ducken sie sich und machen sich klein. Doch zugleich ist ihr Wille, wie gesagt, ungezügelt – aus diesem Durcheinander gibt es kein Entrinnen.

> In unseren Schulen herrscht eine Bewertungswut, gegen die die Kinder unbewusst rebellieren.

Natürlich rebellieren die Kinder dagegen. Das heißt, sie rebellieren gar nicht bewusst. Vielmehr gewinnt ein früh antrainiertes Chaos in ihnen die Oberhand. Manchmal bricht es vehement durch. In den Klassen unserer Grundschulen herrscht in manchen Unterrichtsstunden ein Tohuwabohu, wie es die Bibel vom Anfang der Welt beschreibt. Kein Lehrer wird dem Herr, von einigen natürlichen Lehr-Begabungen einmal abgesehen. Keine didaktisch-methodische Lerneinheit kann dieses Durcheinander bündeln und formen.

Meist sind es anfangs nur wenige Kinder – wir nennen sie gern hyperaktiv –, die den Unterricht zum Einsturz bringen, der Rest der Kinder folgt tobend und befreit. Und die Lehrer fühlen sich getroffen, fühlen sich schuldig und schließen die Tür in der Hoffnung, dass keiner bemerkt, wie weit Anspruch und Wirklichkeit ihres Unterrichts auseinander klaffen. Auf die *allgemeinen* Ursachen des Problems kommen sie deshalb gar nicht. Immer noch verstellt, selbst bei Tagungen oder Jahresversammlungen von Lehrerverbänden, Schulpädagogen usw. ein Tabu den Blick auf die tatsächlichen Zustände in den Klassenzimmern. Immer noch wird abgewiegelt, relativiert, verschwiegen – als seien die eingangs genannten Zahlen der Hamburger Untersuchung nicht Hinweis genug.

Mit Lust und Eifer lernen

Meine vierjährige Tochter lernt soeben die ersten Buchstaben. Voller Eifer und Ungeschick kritzelt sie die fremden Schriftzeichen aufs Papier, krakelt nach, was ihre Mama ihr als »A« oder »B« gezeigt hat und versucht dabei, Laut und Buchstaben in einen Zusammenhang zu bringen. Mit weit geöffnetem Mund malt sie »A« und singt den Laut oder Klang mit. Es ist ein bewegender Anblick. Man kann ganz ohne Theorie erkennen, wie ihre kleine, sinnliche Welt sich durch die Schriftzeichen verändert – sie wird abstrakt. Ganz allmählich geht der gehörte Klang in das stumme Schriftzeichen über. Irgendwann wird sie, wenn sie ein »A« sieht, diesen Klang im Kopf haben und das Zeichen gleichzeitig lesen, daraus wird sich ein Verstehen des gehörten und gelesenen Buchstabens (und der Wörter, der Sätze, der Texte) ergeben, das so selbstverständlich für sie sein wird, wie das Erkennen eines Tisches oder eines Baumes oder einer Melodie.

Das Zeichen spricht und tönt dann gewissermaßen für sich selbst. Die Schrift gewinnt eine ganz eigene Ausdrucksqualität, eine eigene Ästhetik. In ihrem jugendlichen oder erwachsenen Leben wird schließlich daraus die Fähigkeit erwachsen, Gedichte und andere Sprachkunstwerke zu erfassen, selbst wenn sie, wie Celans Gedichte, verschlüsselt zwischen Abstraktion und Wortklang verharren.

Das »A« steht immer am Anfang des Lernens, das »E« und die anderen Vokale folgen, und dann bewegen sich die Bemühungen der Kleinen hin zu den Konsonanten, den stummen Buchstaben. Am »B« und am »P« müht sich mein Töchterchen zur Zeit heftig ab. Sie blubbert und plappert den beinah stummen Laut mit, »p-p-p« oder »b-b-b«. Es wird erkennbar, dass die Konsonanten in der Tat abstrakter sind als die Vokale, die Klangbuchstaben. Welch eine Einheit von Klingen und abstraktem Erfassen, welch ein gewaltiger Weg von den gemalten Buchstabenbildern hin zu einem hoch entwickelten Leseverhalten.

Und welch ein Unfug, dass wir diese feinen geistigen Fähigkeiten in unserer Kultur so früh ersticken, dass wir für ihnen schon in den ersten Schuljahren nichts anderes hinzuzufügen haben als Bewertung und Leistungsvergleich. Zensuren, die Angst machen.

Welch ein Unfug, dass uns in unserer Schulpädagogik dieser feine Aufstieg vom Klanglichen zum Schriftlich-Artifiziellen überhaupt nicht bewusst ist. Stattdessen tritt die schulische Norm, die Leistungsnorm, die korrekte Rechtschreibung an die Stelle eines tieferen Verstehens, um das sich ein Kind anhand der fremdartigen Schriftzeichen so heftig und lustvoll bemüht. Lust und Eifer treiben wir ihnen aus, nur die Norm bleibt übrig. Ich kann es nicht oft genug betonen: Wenn wir in diesem Buch von Autorität sprechen, wenn wir davon sprechen, dass wir den Kindern Struktur und Halt geben, sprechen wir nie, wirklich nie, von dieser stumpfen grauen Norm. Wir sprechen genau vom Gegenteil.

Freundschaften?
Ja, von Fall zu Fall!

Mein Sohn sagt:»Ich gehe mal zu Georg.«Georg ist ein alter Kumpel von ihm, die beiden sind seit Jahren befreundet. Grundlage ihrer Freundschaft ist, wie es scheint, das gemeinsame Spielen am Computer.

Georg beherrscht die Strategien, mein Sohn kennt sich in den grafischen Details aus, die beiden ergänzen sich hervorragend. So also sehen moderne Freundschaften aus! Mir soll es recht sein.

Aber, wie wir gleich sehen werden, bleibt die Frage offen, was Kinder heute unter Freundschaft verstehen.

Mein Sohn stolziert frohgemut davon, zu Georg und seinen Computerspielen. Und kommt ganz woanders an. Ungefähr eine halbe Stunde nach dem verabredeten Zeitpunkt ruft Georg bei uns an, wo denn Dominik bleibe.»Ich denke, der ist bei dir«, sage ich.»Nee«, sagt Georg und legt auf.

Beim Abendessen stelle ich meinen Sohn zur Rede.»Wo warst du denn?«, frage ich.

»In der Stadt.«

»Ich dachte, du warst mit Georg verabredet. Ihr beiden seid doch befreundet, oder?«

»Na klar«, bestätigt Dominik und weiß offensichtlich nicht, wovon ich spreche.

»Georg hat auf dich gewartet«, erläutere ich väterlichstreng.»Er hat angerufen.«

»Ach ja«, sagt mein Sohn, als sei ihm etwas Nebensächliches gerade wieder eingefallen.»Ich war gar nicht bei Georg, ich war in der Stadt, das habe ich ja gerade gesagt.«

Natürlich gebe ich mich nicht zufrieden und will wissen, was seine Schritte denn so zielgerichtet an Georgs Haustür vorbei in die Stadt gelenkt habe.

»Mir ist eingefallen, dass mir noch ein paar Pokémonkarten fehlen«, ist die einzige Erwiderung. Mein Sohn weiß immer noch nicht, worauf ich hinaus will.

Er spürt meinen aufkommenden Ärger, aber er versteht den Grund nicht.

»Wenn du mit Georg verabredet bist«, versuche ich deutlich zu werden, »dann wartet er. Wenn du einfach an seiner Tür vorbeigehst, obwohl du weißt, dass er auf dich wartet, dann ist das unfair. Freunde verhalten sich nicht so.«

»Ach so«, sagt Dominik.

Meine Worte scheinen ihm durchaus einzuleuchten, aber einen rechten Widerhall finden sie in seiner Seele (und in seinen Erfahrungen) offenkundig nicht.

»An Georgs Stelle«, fahre ich fort, »würde ich mich die nächste Zeit nicht mit dir verabreden.«

»Warum nicht?«, fragt mein Sohn erstaunt.

Heute gilt offenbar:
Freunde sucht man auf, wenn man sie braucht.

Nun könnte man den Eindruck gewinnen, Dominik sei eben ein besonders unzuverlässiger Junge oder einfach ein wenig schwer von Begriff, aber das ist keineswegs der Fall. Er verhält sich einfach realitätskonform. Er verhält sich so, wie er es als soziale Norm gelernt hat: Freunde sucht man auf, wenn man sie braucht. Wer gebraucht wird oder nicht, das richtet sich ganz nach den jeweiligen Wünschen und Bedürfnissen, die man gerade im Kopf hat. Sollten sich Wünsche und Bedürfnisse unvermutet ändern, braucht man ja auch diesen bestimmten Freund nicht mehr. Das erscheint diesen Kindern ganz plausibel. Sozusagen selbstverständlich. Also hält man Verabredungen nicht ein und entschuldigt sich meist nicht einmal. Man lässt sie einfach fallen.

Tatsächlich gibt es einige erziehungswissenschaftliche Untersuchungen, die diesen – am Beispiel meines Sohnes illustrierten – Trend bei modernen Kindern bestätigen. Freundschaften werden je nach individuellem Interesse aufgerufen oder wieder abgesagt. Die alten Kindergruppen und Jungenbanden, die sich zu unserer Kinderzeit in Blutsbrüderschaft verschworen, bereit, notfalls gemeinsam bis ans Ende der Welt zu gehen, die gibt es nicht mehr.

Unsere Kinder sind viel zu sehr Individuen, als dass sie stabile Gruppen solcher Art bilden könnten. Sie haben vielleicht eine gewisse Sehnsucht danach, aber weder die Fähigkeit noch die Bereitschaft, diese Sehnsucht zu stillen. Ihre Wünsche wechseln rasch und sind jeweils überwältigend. Die wechselhaften Wünsche lenken ihr wechselhaftes Verhalten. So können stabile Gruppen mit festen Vereinbarungen, verpflichtenden Übereinkünften und verlässlichen Bindungen gar nicht entstehen. Sie werden von diesen Kindern auch nicht angestrebt. Insofern auch nicht wirklich vermisst.

Mein Sohn ist keineswegs eine Ausnahme, diese Kinder verhalten sich alle so. Und er sollte auch nach unserer kleinen Diskussion Recht behalten. Sein Freund war nicht gekränkt, sagte keine Termine ab, ganz im Gegenteil. Am nächsten Tag rief er bei uns an. Er wolle sich mit Dominik verabreden, sagte er. Als ich verblüfft erwiderte, ob er denn wegen des gestrigen Vorkommnisses nicht sauer sei, erklärte er mir im selben Tonfall, in dem auch Dominik gesprochen hatte: »Nee, wieso denn?«

Soweit wäre alles in Ordnung. Die Kinder verstehen sich, sie verständigen sich. Es sind eben andere soziale Normen, die sie für ihre Gruppen untereinander ausgehandelt haben. Wir Erwachsene sollten uns da nicht einmischen – so könnte eine auf den ersten Blick ganz vernünftige und liberale Beurteilung derartiger Vorgänge lauten. Aber sie entspricht den seelischen Bedürfnissen unserer Kinder nur teilweise.

Denn es bleibt ja noch die Tatsache, wie gesagt, dass auch diese Kinder eine tiefe Sehnsucht nach Bindung haben. Nach solchen Bindungen nämlich, wie wir sie in unseren Jugendbanden, in unseren verschwörerischen kleinen Gruppen und »Horden« erleben konnten.

So etwas hätten sie schon auch gern: diese Blutsbrüderschaft, diese Verbrüderung gegen den Rest der Welt, diese Dauerhaftigkeit. Sie wären gern auch mehr als immer nur sie selbst, immer nur dieses eine Individuum.

> Alle Kinder wären gern mehr als immer nur sie selbst, immer nur dieses eine kleine Individuum.

Eine Gruppe ist mehr als ein Einzelner, das ist nicht nur eine überkommene ethische Prämisse, das ist ein Stück menschliche Wahrheit. Diese Erfahrung ist unseren Kindern verloren gegangen.

Halten wir uns nun vor Augen, wie *vielfach* verloren diese Kinder sind, wenn ihnen dann auch noch der Orientierungs- und Haltepunkt »Eltern«, wenn ihnen mütterliche und väterliche Autorität verloren geht. Ihre Beziehungsleere und Bindungslosigkeit wird total. Nirgendwo finden sie Halt. Sie schweben von einem Wunsch zum anderen, bis auch die Wünsche verkümmern, denn auch Wünsche brauchen, um tief erlebt zu werden, eine gewisse Dauer.

> Autoritär erzogene und selbstbewusste Kinder sind in den modernen Kindergruppierungen fast so etwas wie Leitfiguren.

Nun beobachte ich seit einiger Zeit in diesen Kinder- und vor allem Jungenkulturen eine merkwürdige Besonderheit: Diejenigen Kinder, die auf Verlässlichkeit, Pünktlichkeit, Bescheidenheit usw. hin erzogen wurden – mit anderen Worten: autoritär erzogen wurden – nehmen unter ihren gleichaltrigen Freunden oft eine ganz eigene, herausgehobene Position ein.

Die übrigen Kinder spüren, dass diese Jungen und diese Mädchen mehr gelernt haben und »irgendwie« mehr verstehen als sie selbst.

Warum ist das so? Nun: Mit ihrer anerzogenen oder gelernten Begabung zur Bindung, auch wenn's mal nicht so richtig Spaß macht, zur Freundschaft, auch wenn sie gerade etwas anderes lieber täten – mit all dem berühren diese Kinder bei ihren Spielgefährten ein elementares Bedürfnis. Sie nehmen in gewisser Weise den Ort des Sozialen ein, sie verkörpern die sozialen Möglichkeiten, die den anderen fehlen. Jeder Mensch möchte mit anderen zusammen sein und sich dabei sicher fühlen. Mögen unsere Kinder noch so cool tun, ohne Verlässlichkeit ist auch für sie soziales Zusammenleben schwierig.

Es ist schon so, dass es die autoritär erzogenen, zur Regelmäßigkeit angehaltenen, zur Selbstdisziplin ermahnten Kinder sind, die unter gleichaltrigen Freunden solche Verlässlichkeit zu leben verstehen. Dadurch werden sie ein wenig zum Vorbild. Sie leben etwas, woran es den anderen mangelt. Kinder müssen das nicht verstehen, sie spüren es. Autoritär erzogene und selbstbewusste Kinder sind in den modernen Kindergruppierungen etwas Besonderes, fast Leitfiguren. Dies ist ein Plus, den wir ihnen dank einer autoritativen Lenkung mit auf den Lebensweg geben.

03

Lösungen:
Auf die Eltern kommt
es an

Vernunft brauchen Kinder am allerwenigsten

Irgendjemand hat voller Ahnungslosigkeit Rat suchenden Eltern eingeredet, sie müssten alles und jedes mit ihren Kindern diskutieren. Dadurch werde das Selbstbewusstsein der Kinder gestärkt.

Das Gegenteil ist der Fall.

Diskussionen sind eine Form der rationalen – und zwar ausschließlich rationalen – Erarbeitung von Welt. Mit Argumenten und Gegenargumenten versuchen wir, bei der Bewältigung von Problemen auf einen vernünftigen Nenner zu kommen, Verständigung auf überprüfbare Art und Weise zu erzielen. Das sind Diskussionen – oder »Diskurse«, um es etwas anspruchsvoller zu formulieren. Sie sind in der Erwachsenenwelt durchaus sinnvoll, in der politischen Auseinandersetzung erst recht. Frühere Völker schlugen wie die Kinder aufeinander ein und fielen übereinander her. Diesen Zustand haben wir Gott sei Dank überwunden, zumindest unter den meisten europäischen Nationen. Die Formulierung »wie die Kinder« weist schon auf meinen Einwand gegen die Gesprächskultur hin: Vernunft ist etwas für Erwachsene! Im Verhältnis der Kinder untereinander und der Eltern zu ihren Kindern hat sie nur begrenzte Wirkung. Vernunft ist ein Teil des kindlichen Lebens, bei weitem nicht der wichtigste.

Kinder sind selten vernünftig. Jeder, der Kinder hat, weiß das. Kinder sind nicht rational und wollen es auch gar nicht sein. Kinder finden pure Vernunft schlicht langweilig. Sie können nichts damit anfangen. Sie auf Vernunftwege – ausschließlich oder auch nur vorwiegend – zu zwingen, ist so ziemlich die mühseligste Art der Erziehung, die ich mir vorstellen kann – und die langweiligste dazu. Kurzum, vernünftige Diskussionen mit Kindern sind nicht kindgerecht. Sie sind erwachsenengerecht und sonst gar nichts.

Kinder finden pure Vernunft schlicht langweilig.

Ein Beispiel: Tina F. ist eine liebevolle Mutter; sie meint es nicht nur, sie ist es wirklich. Aber manchmal handelt sie an den Bedürfnissen ihres Kindes vorbei und merkt es nicht einmal – wie beim Diskutieren über das Fernsehen. Tina F. ist überzeugt davon, dass zu viel Fernsehen einem achtjährigen Kind schadet. Recht hat sie! Ihr Töchterchen Daniela sieht das ganz anders. Je mehr Fernsehen, desto mehr Lebensfreude. Je mehr Fernsehen, desto mehr Chancen, bei ihren Freundinnen anzugeben. »Ich darf etwas, was du nicht darfst.« Je mehr Fernsehen, desto mehr Selbstbewusstsein. So sieht Daniela das.

Dann versuchen die beiden also, in vernünftiger Diskussion zu einer Einigung zu gelangen. Das kann gar nicht klappen! Mutter Tina sagt viele vernünftige Sachen über Reizüberflutung, Passivität, Verdummung. Und Daniela erzählt von megageilen Sendungen, die sie auf keinen Fall verpassen dürfe. Sie macht deutlich, dass es ihr sonst ganz schlecht geht, geradezu körperlich schlecht. Mitunter wird ihr mitten in den Diskussionen schon ganz übel. Sie kann dann gar nicht aufhören zu reden und zu reden, zum Schluss hat sie Bauchweh, ersatzweise Kopfschmerzen.

Und Tinas Mama steckt in der Klemme. Nachgeben oder den eigenen Überzeugungen treu bleiben? Aus diesem Dilemma gibt es schwerlich einen Ausweg. Denn den entscheidenen Fehler hat Tina F. bereits vorher gemacht: Sie hätte sich auf diese Diskussionen gar nicht einlassen dürfen. Diskussionen dieser Art *können* zu keinem vernünftigen Ende führen. Warum nicht? Weil sie auf zwei völlig unterschiedlichen Erfahrungshintergründen und mit ganz verschiedenartigen Absichten geführt werden. Diskussionen haben nur dann einen Sinn, wenn zwei gleichberechtigte Menschen miteinander reden. Kinder und Eltern sind aber nicht gleichberechtigt, sie sind es niemals, auch dann nicht, wenn sie es sich einbilden. Auch dann nicht, wenn die Eltern sich solche Gleichberechtigungs-Ideale zwanghaft einreden. Es funktioniert einfach nicht: Ein ganzes Menschenalter liegt zwischen Kindern und Eltern. Eine natürliche Differenz des Schauens und Denkens, Fühlens und Hörens. Wo Unterschiede so groß sind (und groß sein *sollen!*), gibt es keine vernünftige Mitte, keinen kleinsten gemeinsamen Nenner. Die Gemeinsamkeit von Eltern und Kindern zeigt sich auf einem ganz anderen Gebiet. Sie zeigt sich in der Sorge, die Eltern für ihr Kind tragen. Sie zeigt sich in der Verantwortung der Eltern und in der natürlichen Liebe des Kindes. Nichts davon verträgt es, dass man daraus einen kleinen Nenner macht.

Alles ist bedeutsam, muss zur Geltung kommen, alles gleichzeitig. Die Verantwortung der Eltern und die natürliche Liebe des Kindes – gleichzeitig. Einen vernünftigen Kompromiss ergibt das nie, aber sehr wohl die Lösung von schwierigen Fragen im Alltag.

Zum Beispiel die Frage: »Darf ich fernsehen?« Die Verantwortung der Eltern sagt »Nein« beziehungsweise »Ja, aber nur so und so lange«. Liebe und Respekt des Kindes sagen: »Wenn Mama dies so bestimmt anordnet, dann wird sie einen Grund dafür haben.«

> Wer alles mit Vernunft regeln will,
> schafft unlösbare und unsinnige Konflikte.

Natürlich geht es trotzdem nicht ohne Nörgeln ab, ohne Jammern. Es geht nicht ohne den Hinweis auf irgendwelche Freundinnen oder Freunde ab, die alle viel mehr dürfen und unendlich lange fernsehen und denen es überhaupt besser geht. Natürlich geht es nicht ohne den Egoismus ab, der zur kindlichen Liebe gehört wie der Tag zur Nacht und der Regen zum Grün des Rasens. Natürlich nicht.

Aber das alles macht eben die konfliktträchtige und vielfältige bunte Lebendigkeit im Zusammenleben der Generationen aus. Nur: Wer dies alles auf einen kleinen gemeinsamen Nenner der Vernunft eingrenzen will, der schafft unlösbare und unsinnige Konflikte. Das Kind sitzt hinterher vor dem Fernseher, weil es seinen Willen durchgesetzt hat – und fühlt sich (bewusst oder unbewusst) ungeliebt. Die Mutter schaut ängstlich vorbei und ist ihrer Verantwortung nicht gerecht geworden – und fühlt sich als schlechte Mutter. Der kleinste gemeinsame Nenner endet immer in einem großen Missverständnis.

Stattdessen gilt, was in der Kindererziehung überhaupt von zentraler Bedeutung ist: Klarheit ist angesagt. Ich spreche von einer Klarheit, die all die natürlichen Eigenarten des Generationsverhältnisses in einer Familie widerspiegelt. Elterliche Liebe und Verantwortung, die zu ihrem Recht kommt, kindliche Liebe, die in all ihren Merkwürdigkeiten zum Ausdruck kommt, und drumherum ein wildes Durcheinander von Zornausbrüchen und Zufriedenheiten, Tränen und Lachen, das letztlich durch die Ordnung der Dinge selber geregelt wird. Die Ordnung der Dinge aber verkörpern die Eltern, sie tun es mehr oder weniger gut, sie sind mehr oder weniger gute Eltern. Hauptsache, sie sind überhaupt Eltern!

Tabus sind unverzichtbar

Lange Zeit haben wir Pädagogen und Psychologen daran mitgewirkt, die Tabus aus der Welt zu schaffen. Tabus, sagten wir, haben mit Philisterei, Spießertum, geistiger Enge und Lebensfeindlichkeit zu tun. Wir wollten sie überwinden, vorbehaltlos und unterschiedlos, alle. Und wenn ich *wir* sage, dann meine ich durchaus auch mich selbst. Ich habe in den Siebzigerjahren in dieselbe Richtung argumentiert und publiziert. Wozu sollten Tabus schon gut sein? Sie führten ja nur dazu, dass dem einzelnen Menschen – dem freien Individuum – das selbstbestimmte Denken untersagt wurde. Und nicht nur das Denken, auch die Gefühle wurden untersagt. Gefühle wurden verboten. Gerade dies erschien uns besonders unerträglich.

Heute sehen wir, dass wir mit unseren Aufräumaktionen der Gesellschaft keinen guten Dienst erwiesen haben, vor allem haben wir den Kindern keinen guten Dienst erwiesen. Und warum nicht? Nehmen wir ein Beispiel: Freie, offene Körperlichkeit war noch in den Sechziger- und sogar den Siebzigerjahren verpönt. Man stellte seinen Körper nicht zur Schau, schon gar nicht dann, wenn er nicht dem Idealbild eines ästhetisch-schönen Körpers entsprach – und wer sieht schon so aus wie die Models in den Frauenzeitschriften? Man schämte sich seines Körpers, und den Kindern wurde diese Scham ebenfalls anerzogen. Damit wollten wir Schluss machen. Aufräumen mit der falschen Körperfeindlichkeit, die immer auch eine Feindlichkeit gegen sich selbst war. Das war keineswegs unsinnig. Aber es ist trotzdem in eine falsche Richtung gelaufen. Vielleicht konnte man das damals nicht voraussehen. Also, keine Körperfeindlichkeit mehr – das brachten wir unseren Kindern bei. Sie liefen frei und fröhlich nackt herum, und auch heute wird kaum jemand bestreiten, dass dieser Anblick angesichts der Prüderie der Nachkriegsjahre ein Fortschritt war. Aber das Kind wurde buchstäblich mit dem Bade ausgeschüttet. Diese von Körpertabus befreiten Kinder wurden älter, wurden Jugendliche und junge Erwachsene, sie lebten ihre Tabulosigkeit munter und bedenkenlos aus, auf Partys und in Discos ebenso wie in einigen TV-Shows. Aus der Überwindung der Körperfeindlichkeit wurde Schamlosigkeit. Scham spielt aber in der Entwicklung eines Menschen eine große Rolle, eine zentrale Rolle. Um dies zu verstehen, müssen wir einen kurzen psychologischen Umweg gehen.

> Die Körperfeindlichkeit früherer Generationen wurde im Namen des Fortschritts durch Schamlosigkeit ersetzt.

Es reicht überhaupt nicht, dass wir Werte und entsprechende Tugenden mit Vernunft begründen, für richtig halten, akzeptieren. Bei weitem nicht! Solche Tugenden und Werte werden bei der geringsten Anstrengung über Bord geworfen. Wenn es mir zum Vorteil gereicht, schüttele ich sie ab wie eine überflüssige Last. Ethische und moralische Werte werden nur dann zu festen Haltungen, wenn sie in langen Reifungsprozessen, die in der frühesten Kindheit beginnen, erworben worden. Solche Prozesse sind der Vernunft weitgehend entzogen.

Unter Schmerzen und durch die Verdrängung elementarer Triebwünsche und Bedürfnisse, so verrät uns die Psychoanalyse (die mit diesen Erkenntnissen das Bild der menschlichen Psyche revolutionierte), nehmen wir soziale Werte, moralische und mystische Glaubenssätze in uns auf. Hemmungen und Verbote pressen die Moral in die kaum erwachte kindliche Psyche. Sie werden dort buchstäblich verstaut, festgezurrt im Unbewussten. Nur nicht aufrühren, was in den Tiefen der Psyche verborgen liegt, man wirbelt sonst gleich die ganze Seele durcheinander.

Aus dieser innerpsychischen Dynamik entsteht Scham, erwachsen Tabus. So, durch die tief ins Ich eingesenkten Hemmungen, verinnerlicht ein Mensch zugleich Moral, Werte und Glauben. Nur weil dies ein so massiver, tief greifender Vorgang ist, wirkt er dauerhaft. Wir rühren ein Leben lang nicht mehr daran. Und dies nun ist zugleich die psychische Basis für Werthaltungen, für Tugenden, die auch dann gelten, wenn sie uns das Leben schwer machen. Auf dieser Grundlage gedeiht jene prostestantische Tapferkeit (oft von Starrsinn schwer zu unterscheiden), die in Zeiten der Not sagt: »Hier stehe ich, ich kann nichts anders.«

Das alles haben wir unseren Kindern gemeinsam mit der Scham genommen. Sie haben keine Tabus, keine Hemmungen mehr. Und deshalb haben sie auch kaum noch Werte. Sie mögen die eine oder andere soziale Norm für richtig halten, verinnerlicht haben sie wenig davon. Das macht sie in gewisser Weise freier, aber auch instabil und angreifbar, wenn die Zeiten schwierig werden. Das macht sie so ängstlich, etwa vor jeder negativen Schulbewertung. Das macht sie unsicher, wenn ihre Freunde anderer Meinung sind als sie selbst. Das macht sie so opportunistisch.

Weil unsere Kinder keine Tabus mehr kennen, können sie auch keine Werte mehr verinnerlichen.

Scham, Tabu und Werte – solange wir diesen Zusammenhang nicht verstanden haben, haben wir von Werteerziehung zu wenig verstanden. Werte sind nur etwas wert, wenn sie in einer verlässlichen Haltung ihren Ausdruck finden. Diese Verlässlichkeit bildet sich nicht durch Vernunft, sondern mit der Entwicklung von Sexualtrieben, Bedürftigkeiten, Gewissen und Scham. Mit den Tabus haben wir ihr eine wichtige Grundlagen entzogen. Nein, ich glaube nicht mehr, dass wir uns und unseren Kindern damit etwas Gutes getan haben.

Wir haben vor nichts mehr Respekt ...

... wie sollen dann unsere Kinder Respekt haben? Wir kommen nun auf eine Facette des Autoritätsproblems zu sprechen, die sich auf den ersten Blick nicht unbedingt aufdrängt. Die Tatsache nämlich, dass wir Erwachsene in unserem gesellschaftlichen Leben den Respekt verloren haben. Die Leistung anderer Menschen zu respektieren, die Normen und Werte anderer zu achten – wer hat dazu schon Zeit und Lust? Wir reagieren ja sogar gleichgültig, nachlässig und reichlich verständnislos auf die bemerkenswerte Geistesgeschichte des Abendlandes, auf unsere eigene Geschichte! Wer weiß schon ernsthaft, was die Klassiker der Literatur geschrieben haben? Von ihnen ist nicht viel mehr geblieben als ein paar Quizfragen im Millionen-Ratespiel.

Überlegen Sie bitte einmal kurz: Wann haben Sie zum letzten Mal die Leistung irgendeines Menschen vorbehaltlos und nachdrücklich respektiert, innerlich nachvollzogen und gewürdigt? Wann waren Sie zum letzten Mal von einem anderen Menschen wirklich tief beeindruckt?

Sind wir nicht alle so sehr darauf getrimmt, uns unaufhörlich selbst darzustellen, unsere eigenen Leistungen ins rechte Licht zu rücken, unsere eigene Unentbehrlichkeit zu beweisen (nicht zuletzt, weil wir gar nicht von ihr überzeugt sind), dass wir einfach nicht genug Zeit und keine Geduld aufbringen, um uns auf anderes einzulassen?

Erst recht keine Zeit, um uns mit übergreifenden, allgemeinen Fragen zu befassen. Wann haben Sie das letzte Mal mit Ihrem Kind über Glauben, Wahrheit, Tod und Gnade gesprochen? Nicht wahr, schon diese Worte klingen fremd, oder, was noch schlimmer ist, vertrocknet und altmodisch. Wir verbinden nichts mehr mit ihnen.

> Wir sind so damit beschäftigt, unsere eigenen Leistungen ins rechte Licht zu rücken, dass keine Zeit mehr für anderes bleibt.

Die Kirchen sind leer, auch das gehört in diesen Zusammenhang. Das Göttliche anzubeten entspricht nicht unserer Mentalität. Wir beten andere Götter an, Götter, denen wir gleichkommen oder an denen wir zumindest partizipieren können. Götter, von denen wir etwas *haben*. Also Götter des Erfolges, des verdienten oder unverdienten Reichtums, des Show-Geschäfts oder der Finanzwelt. Denen können wir irgendwie ähnlich werden, wenn wir in unserem Beruf nur genügend Gas geben.

Wir können uns, wenn wir im Jet nach New York sitzen, für Momente wie weltreisende Banker fühlen, das ist zwar nicht dasselbe wie realer Erfolg, kommt ihm aber nahe (und macht keine Mühe). Kurzum, unsere Gesellschafts- und Wirtschaftsordnung hat andere Idole, Ideale und Wertebilder in unsere Gehirne gepflanzt. Ehrfurcht, Respekt, nachdenkliches Verharren und Bewundern, egal ob es sich um die Leistungen eines Menschen oder einer Kultur handelt, gehören nicht dazu.

Auf diese Weise nehmen wir und unsere Kinder Schaden an unserer Seele.

Ein Mensch, der sich beglückt in die schwierige Syntax eines Heinrich von Kleist vertieft, kann dieses Glück weitergeben. Er kann möglicherweise einen Siebzehnjährigen von der Schönheit der Kleist'schen Sätze überzeugen und ihn für die Klugheit und Verspieltheit der dramaturgischen Konstruktion begeistern. Wer vorbehaltlos Rilkes Verse bewundert und ein wenig von ihrem merkwürdigen Geist einatmet, kann sehr wohl etwas von den Gedanken,

Gefühlen, die ihm beim Lesen durchfließen, an die vierzehnjährige Tochter weiterreichen. Wenn er es eindringlich genug tut, wird sie (vielleicht) atemlos lauschen.

Tief empfundener Respekt ist Offenheit für das Menschliche an sich.

Ein tiefer Respekt vor einem Werk, einer Dichtung, einer moralischen Leistung oder einem außerordentlichen beruflichen Erfolg ist immer mehr als nur Respekt vor einer Person oder einem Ereignis. Es ist zugleich der *Respekt vor dem Menschlichen schlechthin*. Er ist uns verloren gegangen.

Tief empfundener Respekt ist Offenheit für das Menschliche an sich. Wenn wir aber nur dem eigenen Erfolg nachjagen, uns von jedem Chef unter Druck setzen lassen und uns dabei einbilden, ganz besonders cool in der modernen Wirtschaftswelt zurechtzukommen, wenn wir jedem Trend hinterher hecheln – dann werden uns solche Fragen wenig interessieren, weil sie zu weit über das eigene Ich hinausführen.

Zumindest berühren sie uns nicht tief genug, um sie wirklich, wie ich eben sagte »zu atmen«. Wir können diesen Atem deshalb auch nicht weitergeben. Auch aus diesem Grund sind wir für unsere Kinder keine Autorität. Wir verkörpern keine geistige Tradition, keine Kultur. Keine der Fragen, die jedes pubertierendes Mädchen und jeden Jungen bewegen, können wir wirklich beantworten. Dazu fehlt uns die Bindung an die geistige Geschichte und die Werte unserer eigenen Kultur.

Solange wir keine geistige Tradition verkörpern, können wir unseren Kindern keine Autorität sein.

Wir haben heute etwas preisgegeben, das in früheren Generationen ein wichtiger Bestandteil der Achtung war, die Kinder ihren Eltern entgegenbrachten: Eltern waren Träger der Kultur, Träger der Erfahrung, die nicht nur ihre persönliche war, sondern immer auch »Geschichte«.

Wir interessieren uns nicht mehr für Geschichte, wir leben ganz im Hier und Jetzt. Wir schämen uns ja auch fürs Älterwerden. Wir schämen uns zu Recht, denn unser Älterwerden hat kaum eine Bedeutung. Es transportiert nichts. Wir werden seelisch nicht reicher dabei. So entwerten wir uns. Unsere Kinder nehmen uns das übel. Ihr Respekt schwindet. Sie schauen auf unser entwertetes Älterwerden und sagen lässig: Die Alten schnallen doch nichts! Woher sollten sie es besser wissen? Es hat ihnen ja keiner gesagt – und erst recht keiner vorgelebt.

Wenn wir also von Autorität reden, dann müssen wir auch hiervon reden: von der Selbstabschaffung des Reichtums, der mit dem Altern verbunden sein könnte – obwohl wir uns das heute kaum noch vorstellen können.

Jan wird wieder gesund – auch ohne Psycho-Pillen

Ob Jan hyperaktiv ist oder nicht – wer weiß das schon. Seine ratlosen Eltern hatten ihn zu einem Kinderpsychiater geschickt, er war damals gerade neun Jahre alt. In der kinderpsychiatrischen Praxis wurden ihm unzählige Fragebögen vorgelegt, ebenso den Eltern, schließlich auch den Lehrern. Hätten die Eltern dem nicht ein Ende bereitet, es wäre noch lange so weitergegangen. Denn sie waren zu dem Schluss gekommen, das all dies nichts hilft, und trafen mitten in der ärztlichen Diagnosephase eine wichtige Entscheidung: Wir werden unserem Kind niemals Psychopharmaka geben. Weder Psychostimulanzien noch Antidepressiva, kein Ritalin und keine Amphetamine und auch sonst nichts. Und damit war die ganze Testerei in ihren Augen überflüssig geworden. Ob die Eltern mit ihrer Meinung Recht hatten oder nicht, wollen wir hier nicht diskutieren. Mir kommt es auf etwas anderes an. Sie hatten eine Entscheidung getroffen, eine klare, deutliche, *verbindliche* Entscheidung: Wir helfen unserem Sohn selbst aus seinen Schwierigkeiten heraus. *Wir* tun es! Wir brauchen keine Ärzte dafür, *wir* sind die Eltern!

> »Unser Sohn braucht keine Ärzte –
> er braucht uns: seine Eltern!«

Jan litt unter einer ganzen Reihe von Schwierigkeiten. Er galt als unruhig, er konnte sich auf keine Aufgabe konzentrieren, zumindest in der Schule nicht. Lesen und

Schreiben fielen ihm endlos schwer. Mathematik war auch nicht sein Fall. Er ging nur mit Unlust zur Schule. Zu Hause erwies er sich als cleveres Kerlchen, war in technischen Dingen begabt, lernte alles Mögliche, was er im Fernsehen sah oder im Radio hörte. Er konnte Zusammenhänge herstellen, zeigte sich äußerst geschickt im Umgang mit dem Computer und fühlte sich selbst bei Spielen für ältere Kinder nicht überfordert. Jan war überdurchschnittlich intelligent, das sah man auch ohne Tests.

> »Wir verstehen unser Kind«-Gespräche
> sind fast immer fruchtlos.

Die Lehrer sprachen trotzdem von Förderschule, von notwendigen psycho-sozialen Unterstützungen, die Jan dringend benötige. Die Eltern hatten sich von solchen Auskünften zunächst verwirren lassen, deshalb der Besuch beim Kinderpsychiater, doch dann reifte ihr Entschluss. Er veränderte alles. Sie leugneten nicht, dass mit Jan irgendetwas nicht stimmte. Irgendetwas war schief gelaufen, sie gaben sich keinen Illusionen hin. Illusionen hätten auch im Widerspruch zu ihrer neuen Entschlossenheit gestanden. Sie setzten sich an einem langen, ruhigen Abend zusammen, notierten Jans Fehlverhalten Punkt für Punkt unter verschiedenen Aspekten und bewerteten die einzelnen Einträge auf ihrer Liste unter allen möglichen Gesichtspunkten. Zu ihrer Entschlossenheit gehörte es auch, dass sie sich nicht endlos in Verständnis für Jan ergingen. Diese »Wir verstehen unser Kind«-Gespräche sind fast immer fruchtlos, auch das spürten Jans Eltern. Eine Entschuldigung für dies, eine Erklärung für jenes, vielleicht noch elterliche Schuldgefühle für den einen oder anderen Fehler, der einem irgendwann unterlaufen ist (alle Eltern machen Fehler, aber kindliches Fehlverhalten erklärt sich daraus meistens nicht) – nein, dies alles wollten sie nicht. Es erschien ihnen zu uneindeutig, zu belanglos. Jans Schwierigkeiten waren dafür viel zu groß.

Die Eltern ließen alles beiseite, was keine konkreten Folgen hatte. Konkret allerdings war, dass sie sich entschieden, Jans Fehlverhalten nicht länger zu dulden. Das klingt simpel, ist aber schwierig. Den Eltern war das durchaus klar. Aggressivität würden sie ihm verbieten, die mangelnde Konzentrationsfähigkeit (egal, ob man sie hyperaktiv nennt oder nicht) wollten sie mit ihm gemeinsam bekämpfen und damit auch die schlechten Schulnoten. Die um die Zukunft ihres Kindes besorgten Eltern fanden auf diese Weise einen Weg, sich von der langen Liste von Fehlverhalten nicht einschüchtern, sondern herausfordern zu lassen. Erst dadurch, und nur dadurch wurde die Liste sinnvoll, produktiv.

Beginnen wir mit den Schularbeiten, beschlossen sie. Zunächst legten sie eine Uhrzeit fest, zu der sie gemeinsam mit Jan seine Hausaufgaben erledigen würden. Bisher hatten sie den neunjährigen Jungen stets selbst den Zeitpunkt festlegen lassen. Allein dies hatte Tag für Tag zu Streit geführt. Jan verstand es, die Erfüllung dieser Pflicht mit unzähligen Tricks vor sich herzuschieben, den ganzen Nachmittag und auch den frühen Abend über. Danach war es zu spät für Schularbeiten, und seine Eltern machten ihm Vorwürfe. Manchmal setzte er sich noch hin, aber mehr als schludrig ausgeführte Schreib- und Rechenübungen kamen dabei nicht heraus. Streit ergab sich aus dem einen so gut wie aus dem anderen. Außerdem verdarben ihm die von Stunde zu Stunde verschobenen Aufgaben den ganzen Nachmittag. Ständig waren sie in seinem Kopf präsent, während er sich draußen auf dem Fußballplatz herumtrieb oder mit Freunden am Computer saß. Auf diese Weise waren die Hausaufgaben zum zentralen Thema dieser Familie geworden.

Aber so wichtig sind Schularbeiten eigentlich gar nicht. Jedenfalls sollten sie es nicht sein. Mit einem einzigen Entschluss bereiteten die Eltern diesem Spuk ein Ende. Sie waren selbst verblüfft, wie einfach es war. Sie wunderten sich hinterher darüber, dass sie so lange gezögert, so unendlich lange dem Dauerstreit fast tatenlos zugesehen hatten. So viel vergeudete Zeit, seufzte die Mutter, als sie mir später davon berichtete.

Aber natürlich wurde am nächsten Tag schon klar, warum sie die Entscheidung so lange vor sich hingeschoben hatten. Jan verfügte über ein stabiles und unnachgiebiges Selbstbewusstsein, das er sich in neunjähriger Verwöhnung angeeignet hatte. Jan war keineswegs mit der Entscheidung seiner Eltern einverstanden. Es gab Krach. Zum ersten Mal gab es einen offenen, offensiven, geradezu turbulenten Krach in dieser Familie.

Natürlich war es in der Vergangenheit zu kleinen Auseinandersetzungen gekommen, aber einen harten Streit, den die Eltern von vornherein aus einer klaren Position und mit eindeutiger Absicht führten, den hatte es vorher nie gegeben. Daran war Jan nicht gewöhnt, er musste sich erst damit abfinden. Vor allem damit, dass die Eltern ihre Position mit so viel klarem Selbstbewusstsein vertraten – mit dem Selbstbewusstsein, Eltern zu sein, verantwortlich zu sein, zuständig zu sein.

Sie hatten die Zuständigkeit für ihren Sohn wieder an sich gerissen, hatten sie dem Kinderpsychiater weggenommen und sich damit selbst zur Übernahme ihrer Rolle als Vater und Mutter befähigt. Sie waren Eltern, und sie wollten es sein. Sie wollten nicht davon abrücken. Das gab ihnen die Entschiedenheit, die Jan nun verwirrte.

> Die Stimmigkeit innerhalb
> einer Familie währt so lange, wie Eltern ihre
> Entschlossenheit aufrechterhalten.

Also gab es Krach, aber der Krach dauerte nicht lange. Zu ihrer Überraschung, wie die Eltern später erzählten, gab Jan relativ schnell nach. Aber vermutlich ist das eine unzutreffende Bezeichnung: Er gab gar nicht nach. Er stimmte zu. Er stimmte sich ein. Bisher hatte er sich ja immer nur auf seinen eigenen Willen und seine eigenen

Wünsche einstimmen können. Nun aber musste er sich in einer Position zurechtfinden, die von der Struktur der Familie vorgegeben wurde, es gab nicht nur ihn, den kleinen Jan und dann daneben noch die Eltern. Jetzt gab es die Familie als Ganzes. Jan war ein Teil dieser Familie, aufgehoben in ihr. Es *stimmte*! Aber diese Stimmigkeit konnte nur so lange währen, wie die Eltern ihre Entschlossenheit aufrechterhielten. Sie taten es. Ermutigt von den Erfolgen.

Nach der kurzen Phase der Auseinandersetzung fand Jan sich mit den Hausaufgaben zurecht, er begann pünktlich zu dem von den Eltern vorgegebenen Zeitpunkt sein Heft aufzuschlagen, er bemühte sich, in der einen Stunde, die für die Hausaufgaben vorgesehen war, fertig zu werden. Er war so ungeübt darin, dass er die Hilfe seines Vaters oder seiner Mutter dringend benötigte. Er spürte es, und die Eltern spürten es auch. Sie ermutigten ihn, sie wiesen ihn an, in seinem Bemühen nicht nachzulassen. Sie zwangen ihn gelegentlich dazu. Sie zwangen ihm manchmal ihren Willen auf. Aber Jan verstand (oder fühlte), dass ihr Wille eben keine Willkür war. Er war der Ausdruck ihrer elterlichen Verantwortung, Ausdruck der Entschlossenheit, ihrer Verantwortung gerecht zu werden. Der Wille verkörperte gewissermaßen die Gesamtheit der Familie, von der Jan ein Teil war. So fühlte er es, verstand es vielleicht sogar und stimmte zu. Nicht ohne Maulen, nicht ohne Widerwillen, nicht ohne Seufzer – aber die Seufzer sind ja auch berechtigt. Lernen ist für einen Neunjährigen eine Zumutung. Jede kulturelle Leistung ist für ein Kind eine Zumutung, dieses penible Lernen, das unsere Schulen den Kindern aufzwängt, ist es in besonderem Maße. Da gab es also jetzt doch so etwas wie pure Anpassung, pure Unterwerfung unter die Zwänge der Schule und ihr langweiliges Lernen, das so eigentlich gar nicht sein müsste. Aber die Eltern waren durch die Verhältnisse dazu gezwungen. Schule und Lernen sind nun einmal so. Sie konnten es nicht ändern.

Es war wichtig, dass sie sich ihre Entschlossenheit trotzdem bewahrten. Sie machten weiter. Jan wurde zusehends zu einem gelenkten, geleiteten Kind. Sein Wille wurde dabei übrigens nicht schwächer, seine Durchsetzungsfähigkeit blieb erhalten. Nur wurde beides gezielter. Die diffuse Aggressivität, die er auf dem Pausenhof gezeigt hatte, nahm ab. Seine Unruhe auch. Nachmittags, bei seinen handwerklichen Tätigkeiten oder beim Spielen am Computer war er ohnehin in der Lage, seine Intelligenz geschickt und effektiv einzusetzen. Er lernte dies zu großen Teilen nun auch in der Schule. Auch dadurch wurde sein Leben einheitlicher, sein Selbstwertgefühl war nicht mehr zwischen Vor- und Nachmittag gespalten. Der Jan in der Schule war derselbe wie der Jan in der Freizeit oder abends in der Familie. Es ist sicher, dass die Testbögen des Psychiaters ein halbes Jahr nach dem entscheidenden Abendgespräch der Eltern ganz anders ausgefallen wären, als sie vorher ausgefallen waren. Es ist ganz sicher, dass keine Therapie auf der ganzen Welt Jan so viel Hilfe hätte geben können, wie die liebevolle Konsequenz der Eltern.

Trotzdem blieb ein »Rest«. Solch ein Rest bleibt bei vielen Kindern, etwas, dass sich nicht durch elterliches Verhalten, durch Autorität und bessere Erziehung auflösen lässt. Ein Rest an Unfähigkeit, sich auf schulische Dinge oder überhaupt auf als langweilig empfundene Dinge zu konzentrieren. Ein Rest Disziplinlosigkeit. Man mag nun lange darüber streiten, ob dieser Rest nicht einfach zur Freiheit eines Kindes gehört. Manche Kinder sind eben ungeeignet für schulische Disziplin, ungeeignet auch für diejenigen Berufe, auf die schulische Disziplin vorbereitet. Die attraktivsten Berufe sind das ohnehin nicht. Man mag unterschiedlicher Auffassung darüber sein, ob das Maß an Konsequenz, das die Eltern aufbrachten, tatsächlich angemessen war, ob es ausreichend war. Aber mehr Konsequenz hätten die Eltern als blinde Autorität betrachtet, als einen Versuch, Jans Willen und Eigenart zu brechen. Genau das wollten sie nicht. Ihre Entschiedenheit sollte seine Eigenart stützen, nicht einebnen. Gerade bei denjenigen Kindern, die vielleicht schon aufmerksamkeitsgestört oder hyperaktiv sind oder im Begriff sind, es zu werden, ist ein solches Abwägen oft nicht einfach. Die Eltern verstanden auch das.

Aus diesem Grund suchten sie dann doch eine kinderpsychologische Praxis auf. Aber nicht, um sich durch unzählige Tests erklären zu lassen, wie ihr Kind sei, sondern um für das Abwägen dieses »Restes« einen kompetenten Rat zu erhalten. Mit dieser Haltung betraten sie meine Praxis, sie gefielen mir von Anfang an. Sie prüften mich buchstäblich. Sie achteten auf alles Mögliche, keineswegs nur auf meine formal-fachliche Kompetenz. Sie berieten offenkundig innerlich, und sicher später miteinander, ob sie mir als *Person* trauen durften, ob ich ihnen als Person und nicht nur als Fachmann kompetent erschien. Ob ich ihnen als Person bei der Beantwortung einer schwierigen Frage helfen könnte. Sie wollten sich nichts aus der Hand nehmen lassen, sie wollten nichts weggeben von der Erziehung des Kindes. Sie wollten einfach nur geistige und seelische Unterstützung. Ich hoffe, sie haben sie gefunden.

> Hyperaktivität ist eine pädagogische
> Herausforderung allerersten Ranges.

Mag Jan nun, in einem medizinisch-diagnostischen Sinn, hyperaktiv sein oder nicht, in jedem Fall wirft sein Beispiel ein Licht auf die Lebensverhältnisse und Probleme moderner Kinder, insbesondere der Jungen, von denen ein großer Teil – sind es 40 Prozent oder mehr? – als impulsiv, schwer berechenbar und kaum zu bändigen geschildert werden. Dazu einige weitere Überlegungen:

Hyperaktivität ist eine sich epidemisch ausbreitende Gefährdung, die in der modernen Kindheit aufgetaucht ist. Sie ist es für die Eltern und für die Kinder selbst. Eine pädagogische Herausforderung allerersten Ranges. Die Schulen entledigen sich dieser Herausforderung in der

Regel durch Aussonderung. Und die Eltern erstarren in
Hilflosigkeit. Beides ist natürlich grundfalsch. Und beides
ist nicht ganz unverständlich.

Die Lehrer haben sicher nicht das geringste Recht, sich
aus der pädagogischen Verantwortung zu stehlen, zumal
dann nicht, wenn es für ein Kind wirklich ernst wird. Sie
tun es dennoch, und niemand beklagt sich darüber. Man
hat sich eben daran gewöhnt. Immerhin haben viele Lehrer mittlerweile ein schlechtes Gewissen dabei. Noch vor
wenigen Jahren bekamen die Eltern nervöser und über-
impulsiver Kinder zu hören:»Ihr Kind passt nicht auf unsere Schule. Schicken Sie es auf eine private Schule (ersatzweise, das heißt: wenn Sie's nicht bezahlen können,
eben auf eine Förderschule). Dort wird man es auch nicht
fördern, aber relativ sicher aufbewahren.« Heute ist diese
Botschaft weniger brüsk:»Wir bemühen uns, für Ihr Kind
einen Platz zu finden. Leider ist momentan nichts frei. Wir
haben die Kapazitäten nicht, wir haben die Ausbildung
nicht, wir haben die Voraussetzungen nicht ...«

Der Effekt ist natürlich derselbe: Das Kind bleibt draußen. Hyperaktivität, Impulsivität und andere Schwierigkeiten sind in unserem höchst störanfälligen Schulbetrieb
einfach nicht gern gesehen. Mehr noch: Sie sind *unerträglich*, werden nicht gemeinsam getragen und nicht ertragen.

Aus der subjektiven Sicht der Lehrer ist das, wie gesagt,
durchaus verständlich. Sie haben in der Regel etwa zwei
überimpulsive/hyperaktive/übernervöse Kinder in einer
Klasse, dazu noch ein oder zwei sozial geschädigte. Sie stehen unter dem Druck, einen überperfektionierten Lehr-
plan abzuarbeiten, der nicht den geringsten Raum für
Kreativität und spielerische Freiheit lässt. Sie sehen sich
oft genug besserwisserischen, nörgelnden Eltern gegenüber, die zu Hause mit ihren Kindern nicht zurechtkom-
men und von der Schule einen Ausgleich für ihre Erzie-
hungsschwäche verlangen. Und zu guter Letzt leiden sie
unter den Querschlägern ahnungsloser Kultusbürokraten
und Politiker, die sich für die Verhältnisse in den Schulen

nicht wirklich interessieren, dafür aber meinungsfreudige Interviews geben.

Unter dem Druck ihrer Aufgaben resignieren selbst Lehrer, die viel Idealismus in ihren Beruf eingebracht haben.

Unter diesen Bedingungen resignieren selbst diejenigen Lehrer, die mit viel Idealismus in ihren Beruf gestartet sind. Für zusätzliche Aufgaben, zusätzliche Erschwernisse ist da wirklich kein Platz. Bis zu einem gewissen Grad kann man dies verstehen. Nun gut, bis zu einem gewissen Grad!

Richtet man den Blick aber auf diejenigen, die das Opfer dieses fatalen Systems sind, auf die schwierigen Kinder, fällt das Urteil ganz anders aus. Diese Kinder werden so entsetzlich allein gelassen, von Lehrern und Eltern im Stich gelassen, hangeln auf Schulen herum, auf die sie ihrer Intelligenz nach nicht gehören, und werden ins Abseits getrieben. Dort angekommen, setzt sich ihre schulische Karriere oft in Dissozialitäten, Kleinkriminalität, Arbeitslosigkeit und dergleichen mehr fort. Was hier an Begabung und Intelligenz, Kreativität und unkonventionellem Denken verschleudert wird, spottet jeder Beschreibung. Aber unsere Gesellschaft hat kein Gespür für diese Art von Vergeudung. Sie wird einfach hingenommen, koste es, was es wolle. Und der Schaden ist, wenn man sich denn schon für sonst nichts interessiert, auch unter volkswirtschaftlichen Aspekten enorm.

In vielen Elternhäusern sieht es nicht anders aus. Das ist keineswegs nur ein deutsches Problem. In Amerika gab es Anfang der Neunzigerjahre Phasen, in denen jedes zehnte Schulkind mit einem Psychopharmaka behandelt wurde. Genauer gesagt, mit einer Psychostimulanz, die den Namen Ritalin trägt. Sie wird bei überimpulsiven Kindern eingesetzt, hat geringe kurzfristige Nebenwirkungen, dafür tief greifende langfristige. Diese langfristigen Neben-

wirkungen sind wenig erforscht, die spontanen Effekte
sind jedoch unmittelbar zu sehen. Aber dieses Sichtbare
täuscht. Aus einem unruhigen Kind wird ein etwas ruhi-
geres, aus einem Schüler mit miserabler Handschrift einer, der recht leserlich schreibt, aus einem hektisch getrie-
benen jungen Menschen ein teilweise gehemmter. Vielen
Eltern genügte das – in den USA und auch bei uns. Inzwischen flaut der Ritalin-Boom in den USA wieder ab, in
Deutschland kommt er erst auf Touren.

> **In den USA ebbt der Ritalin-Boom wieder ab –
> in Deutschland setzt er gerade erst ein.**

Hier ist nun freilich nicht der Ort, um eine angemessene
Diskussion über das Für und Wider von Ritalin zu führen.
Nur so viel, in Kürze: In wenigen Einzelfällen ist Ritalin in
der Tat ein Segen. Die weit verbreitete Verschreibungswut
von Psychostimulanzien für Kinder im Grundschulalter
und in der Vorpubertät hingegen ist nichts anderes als ein
Zeichen des allgemeinen Versagens: der Ärzte, der Schulen
und der Eltern. An den überimpulsiven Kindern, die zwar
schwierig, aber keineswegs nicht ansprechbar sind, hätte
sich eine moderne Erziehungskultur zu bewähren. Nichts
brauchen diese Kinder so dringend – wie wir an Jans Beispiel gesehen haben – wie eine enge Lenkung, eine klare
Leitung in allen Dingen des Alltags. Die überaktiven Kinder sind unter diesen Voraussetzungen durchaus in der
Lage, ein normales Leben zu führen. Und die vielen zer-
streuten, impulsiven, undisziplinierten Kinder – auf die
die Diagnose hyperaktiv nicht oder nur teilweise zutrifft –
sind es erst recht. Aber die Verhältnisse, sie sind nicht so.
    Diese Kinder brauchen, wie gesagt, persönliche Auto-
rität. Medikamente oder bürokratisierte päda-psycho-
logische Therapien oder Förderschulen sind hier fehl am
Platze. Über Autorität in den Familien haben wir in den
vorangegangenen Kapiteln ausführlich gesprochen. Jans
Geschichte hat es noch einmal illustriert. Wir müssen aber

auch einen anderen, einen sozialpolitischen Aspekt zumindest erwähnen. Ich mache es kurz: Die Verhältnisse, in
der Tat, sind nicht so! Gerade bei nervösen Kindern zeigt
sich, wie sehr in unserer Gesellschaft die Generation der
Sechs- bis Sechzehnjährigen allein gelassen wird. Enge
Führung, Betreuung bei den Hausaufgaben – das sagt sich
so leicht dahin. Notwendig wäre es, wer wollte das bestreiten. Aber ist es auch machbar? Es gibt nicht so viele Familien mit zwei oder mehreren Kindern, die über die mate-
riellen Voraussetzungen verfügen, um ihr(e) Kind(er) über
den Tag hinweg nach der Schule regelmäßig und systema-
tisch zu begleiten. Es scheitert schlichtweg am Geld – und
Hilfe, etwa von den Kommunen, gibt es in der Regel nicht.

> Das Einkommen vieler Eltern reicht
> gerade aus, um ein durchschnittliches Leben für
> durchschnittliche Kinder zu finanzieren.

Familien, das ist bekannt, tragen ein hohes Armutsrisiko.
Auch die Eltern wissen das, und es treibt sie um. Die Tatsache, dass in den allermeisten Familien mit mehreren
Kindern Vater und Mutter berufstätig sind und sein müssen, ist keineswegs immer Ausdruck einer wie auch immer
verstandenen Emanzipation. So anregend ist die Büro-
und Dienstleistungstätigkeit in unserer Wirtschaft nun
wahrlich nicht! Viele Elternteile würden sich schon gern
einige Jahre auf ihre Kinder konzentrieren. Auch wenn es
ihnen von allen Seiten kräftig ausgeredet wird – sie würden es trotzdem tun! Aber es geht nicht. Das gemeinsame
Einkommen von Papa und Mama reicht heute gerade aus,
um ein durchschnittliches Leben für durchschnittliche
Kinder zu finanzieren. Und so vergeht unendlich viel Zeit,
um die Haushaltskasse im Gleichgewicht zu halten, das
Konto zu prüfen und die Ausgaben zu bedenken, unendlich viel Zeit, um an den Arbeitsplatz und wieder zurück
zu hetzen. Unendlich viel Geduld und Liebe wird da ver-
tan und vergeudet. Das ist an und für sich bereits ein

Skandal! Für die vielen überimpulsiven, wie getrieben wirkenden Kinder in unserer Gesellschaft sind die Folgen manchmal fatal.

Wenn wir von guter Erziehung und liebevoller Autorität sprechen, dann müssen wir auch davon sprechen, dass sie Zeit und Geld kosten. Elterliche Autorität, so könnte man überspitzt sagen, ist ein Privileg. Sie ist den begüterten Eltern vorbehalten. Es sind wenige privilegierte Eltern, die ihr Kind täglich über viele Stunden hinweg begleiten können, und die regelmäßig und verlässlich jenes Vertrauens- und Identifikationspotenzial aufbauen können, das Kinder so dringend benötigen. Und die anderen müssen sehen, wo sie bleiben …

Für die oft schlecht verwalteten und miserabel ausgestatteten Förderschulen und therapeutischen Heime und Jugendstrafanstalten hingegen gibt unsere Gesellschaft dann wieder bereitwillig immense Summen aus – meist ohne zu kontrollieren, was damit geschieht. Aber das ist vielleicht ein anderes Thema. Oder doch nicht?

Indigo-Kids

Die überaktiven Kids sind nur ein Beispiel dafür, wie sehr unsere Kinder Autorität brauchen. Ich spreche nicht von den zwei bis drei Prozent, die höchstwahrscheinlich auf der Grundlage neurophysiologischer Erkrankungen ein tatsächlich gestörtes Wahrnehmungsvermögen und ein entsprechend gestörtes soziales Verhalten haben. Ich spreche vielmehr von dem, was man in Amerika die »Indigo-Kids« nennt. Ich bin sicher, dass sich diese Bezeichnung in allernächster Zeit auch bei uns durchsetzen wird. Ich spreche von den Kindern, die sich von niemandem etwas sagen lassen, die sich mit tausend Tricks und Lügereien durchs Leben schlagen, die elterliche Autorität so wenig akzeptieren wie schulische, kurzum, von den Kindern, die ein fast dissoziales Leben führen, obwohl sie nicht in asozialen Verhältnissen aufwachsen. Ihnen fehlt Erziehung, ihnen fehlt die Begleitung von Eltern und anderen Autoritäten. Ja, ihnen fehlt überhaupt ein Verständnis dafür, dass es Autoritäten, also auch Regeln und Normen und eine tiefe Ordnungsstruktur des Verstehens und der Selbstverständigung auf der Welt gibt. Dies alles fehlt ihnen – die Eltern könnten es ihnen nur schwerlich beibringen. Einige dieser Kinder werden in kinderpsychiatrische Behandlung gegeben und verlassen die entsprechenden Einrichtungen erst wieder nach einer medikamentösen Therapie. Sie werden instabil, sie werden sich selbst fremder dadurch, noch fremder als sie es ohnehin schon sind. Verhaltenstherapie soll schließlich ausgleichen, was im Alltag nicht gelang. Natürlich scheitert sie. Das kann man ihr nicht vorwerfen. Vorwerfen muss man ihr – wie auf andere Weise den Schulen auch –, dass sie ihr Versagen nicht offen zugeben, sondern eine Illusion nach der anderen aufbauen. Die Eltern fallen teils aus Gutgläubigkeit, teils aus Trägheit, teils wegen fehlender Alternativen darauf herein. Häufig ist der Eindruck nicht von der Hand zu weisen, dass viele der professionellen Helfer lieber sich und ihre Institutionen absichern wollen, als sich mit den »Indigo-Kids« auseinander zu setzen. Das gilt nach meinem Eindruck für viele Psychologen, Lehrer, Sozialpädagogen und Heimerzieher und in gewissem Umfang gilt es für einige Eltern auch. Natürlich gibt es engagierte Psychologen, komptente Berater, eingreifende und hilfreiche Lehrer, und selbstverständlich setzen sich unzählige Eltern mit ihren »Indigos« auseinander, oft bis an den Rand der Selbstverleugnung. Und trotzdem hat man oft das Gefühl, dass angesichts der überschwappenden Welle von Regellosigkeit unter Kindern und Jugendlichen ein Schein von professioneller Kompetenz der pädagogisch-pschologischen Berufe und Institutionen aufgerichtet wird und unter allen Umständen aufrechterhalten werden soll, der angesichts der Neuartigkeit und Unbestimmtheit der Probleme viel Unheil anrichten kann. Dabei haben kritische Kinderpsychologen und andere längst den Eindruck, den ich teile, dass sich zwischen Eltern beziehungsweise psychologischen Profis auf der einen und den Kindern beziehungsweise Jugendlichen und ihren Subkulturen auf der anderen Seite ein tiefer Graben der Verständnislosigkeit, eine Art Leere aufgetan hat. Ich behaupte nun, es ist die Leere der Wertearmut und des Erziehungsmangels.

Zwischen Erwachsenen und Jugendlichen hat sich ein tiefer Graben der Verständnislosigkeit aufgetan.

Dass der Modebegriff »Indigo-Kids« in den Vereinigten Staaten zunehmend verwendet wird, ist kein Zufall. Zwar geht in den USA die Ritalin-Begeisterung zurück, die Zahl der Diagnosen auf »Hyperaktivität/ADD« (Attention Deficit Disorder) tut es auch. Aber das Problem geht nicht zurück. Ganz im Gegenteil, es nimmt kräftig zu. »Indigo-Kids« ist nur ein neues Schlagwort. Im Vergleich zum früheren Schlagwort »Hyperaktivität« hat es den Vorteil, dass es auf jegliche Pathologisierung der Kinder verzichtet. Nein, man tut gar nicht erst so, als seien diese Kinder krank. Sie sind eben nur ganz anders, als es Kinder früherer Generationen waren. Die Unterschiede sind nicht mehr zu leugnen. Sie betreffen nicht nur die relativ wenigen Kinder, die man mit psychiatrischer Diagnose sozusagen einkreisen und ausgrenzen kann, sie betreffen einen Großteil der modernen Kinder insgesamt. »Indigo«: unruhig, undiszipliniert, disozial unter materiell guten Verhältnissen, gewalttätig in friedlichen Städten, von Wünschen getrieben, obwohl ihnen die meisten Wünsche erfüllt werden. »Indigo«: schlau, ungezügelt, rücksichtslos auch gegenüber der eigenen Familie, dabei im Denken und Handeln einfallsreich, clever und immer ein bisschen schneller, ein wenig fixer als die betreuenden Erwachsenen. »Indigo« ist das neue Kennzeichen des modernen Generationenverhältnisses – ein fatales Kennzeichen.

Computerspiele und moderne Grenzenlosigkeit

Ist Roland ein »Indigo-Kid«? Er selbst fühlt sich nicht so. Mit all den Bezeichnungen, die ich eben aufgezählt habe, könnte er gar nichts anfangen. Weshalb dissozial, weshalb undiszipliniert? Man soll ihn einfach in Ruhe lassen, dann ist doch alles in Ordnung. »Indigo« ist in gewisser Weise auch ein Protest, aber es ist nicht mehr wie in früheren Jahren die Auflehnung gegen eine übergeordnete, übernormierte autoritative Ordnung der Erwachsenen. Es ist vielmehr ein Protest gegen die Langsamkeit der Welt. »Indigo-Kids« machen alles schnell. Alles muss funktionssicher, mit der Intensität enormer Geschwindigkeiten vor sich gehen, dann fühlen sie sich zu Hause. Dann können sie auch Regeln beachten, Normen befolgen. Aber der langsame Weg, Schritt für Schritt auf ein fernes Ziel hin, die Anstrengung und innere Kontrolle, die damit verbunden ist, vermögen sie nicht aufzubringen.

Roland beispielsweise befindet sich in einem unaufhörlichen Wettstreit mit anderen Kindern. Er kennt sie nicht, er hat sie nie gesehen, er will sie auch gar nicht kennen lernen. Sie befinden sich irgendwo auf der Welt, in Texas oder im Nachbarhaus, das macht keinen Unterschied. Rolands Wettstreit kennt keine Grenzen. Er wird übers Internet ausgetragen.

> Selbstvergessenheit ist das Stichwort, das die »Indigo-Kids« vor dem Bildschirm am allerbesten beschreibt.

Irgendwo auf der Welt werden immer neue Spiele, neue Spielvarianten erfunden. Roland tritt gleich an zwei Fronten an. Einmal gegen die jungen kreativen Spiele-Erfinder, die immer neue Tricks und Fallen in ihren Programmen verstecken. Die muss er überlisten, die muss er bewältigen, die muss er sich einverleiben, bis er wie selbstverständlich mit solchen Spielen umzugehen versteht. Und dann tritt er bei denjenigen Spielen, die über das Netz gespielt werden können (es sind inzwischen die meisten – auch so ein blitzschneller Boom) gegen andere Spieler an. Manchmal treffen sie sich an Wochenenden und sitzen sich in kleinen oder größeren Gemeinschaften auch real, greifbar gegenüber.

Der Unterschied zwischen den Spielen im Netz und den Spielen in einer Turnhalle oder anderen geschlossenen Räumen ist allerdings äußerst gering. Letztlich spielt es keine Rolle, ob ich den Mitspieler kenne oder nicht. Diese Spiele sind in besonderer Weise anonym. Sie werden manchmal durch die Anonymität erst richtig intensiv und aufregend.

Halten wir uns noch einmal vor Augen, wie solche Spiele funktionieren. Das sind Figuren auf dem Monitor, die hin und her springen, hin und her geschleudert werden, zu Boden stürzen, wenn ein Spieler sie rechtzeitig erwischt, kleine bewegliche, unkalkulierbare Feinde, die sich abrupt umdrehen und mit Laser und Atomkanonen angreifen, denen man nur Paroli bieten kann, wenn man ganz konzentriert ist, hochaufmerksam versinkt in dem kleinen, grünlich schimmernden Monitor mit seinen flackernden Wirklichkeiten. Selbstvergessenheit ist das Stichwort, das die »Indigo-Kids« vor dem Bildschirm am allerbesten beschreibt. Es trifft auch auf Roland zu.

Er schießt, ohne zu überlegen (wer nachdenkt, ist schon verloren), sein Zeigefinger ist wendiger als sein Verstand. Auf der empfindlichen Tastatur erzeugt er jene Geschwindigkeit, die die Substanz dieses Spieles ausmacht. Geschwindigkeit, das ist wichtig. Aber es ist noch nicht genug. Im Taumel der Geschwindigkeit geht all das unter, was den Erwachsenen so wichtig erscheint – Zeit, Pünktlichkeit und Ziele, die man anstrebt. Ziele, die man gar *endgültig* erreicht (»Willst du dein Abitur nicht machen?«), sind für Roland wenig erstrebenswert, Ziele, die einen Endpunkt setzen, einen Abschluss haben, überhaupt *Ausruhen* und *Stillstand*, davor schreckt er instinktiv zurück.

Aber es braucht nicht nur Schnelligkeit, es braucht die Identifikation mit einer Geschwindigkeit, die fixer ist als der Verstand. Jedes Spiel ist so angelegt, dass in ihm mindestens einige Sequenzen auftauchen, die man mit normaler Reaktionsfähigkeit gar nicht bewältigen kann. Hier muss man hinter dem rasenden Ablauf die Logik begreifen, mit der die Gefahren auf einen zuschießen, man muss sie ahnen, gleichsam riechen, bevor man sie bewusst wahrnehmen kann. Man muss sie parieren, bevor man sie erkennt. Dazu muss man die besondere Intelligenz, die irgendein Spielemacher in das Programm eingeführt hat, gleichsam *wittern*, man braucht alle intuitiven Begabungen, über die ein Mensch verfügt, um solche Spiele zu bewältigen und solche Feinde zu erledigen. Die Welt dieser Spiele ist eine chaotische und nicht lineare, eine trickreiche, hinterlistige und nie verlässliche Wirklichkeit, in der Roland nicht nur seine Geschwindigkeit, sondern auch seine Intuition trainiert.

Am liebsten würde er dies alles unaufhörlich steigern: die Geschwindigkeit, den maßlosen Rhythmus, die Plötzlichkeit der Ereignisse, und vor allem die eigene Kraft, die ihn funktionssicher in immer neue Bildräume vorstoßen lässt. Er möchte weiter und weiter treiben, bis er an eine Grenze stößt, an die Grenze seines Selbst. »Und dann?«, frage ich. »Was würdest du tun, wenn du an diese Grenze kämst?« »Durch sie hindurch«, sagt Roland schnell, »durch sie hindurchbrechen.«

Es scheint, als seien diejenigen, die im Rhythmus der Computerspiele leben, ständig auf der Flucht.

Immer weiter, rotierend und fix, immer schneller, ein Lebensprinzip, das sich auf keine Bändigung mehr einlassen darf. Ich treffe immer mehr Kinder, Jugendliche und junge Männer zumal, die in diesen Rhythmen leben. Es ist so, als seien sie unaufhörlich auf der Flucht. Vielleicht ist es die Flucht vor sich selbst. Vielleicht die Flucht vor der Unübersichtlichkeit der modernen Welt, die man sozusagen übertrumpfen, übersteigern, überholen will, um ihrer Herr zu werden. Vielleicht ist es aber auch eine Flucht, die das Menschengeschlecht seit seinen Anfängen antreibt: die Flucht in ein ewiges Licht, einen aufgehenden Glanz, in ein Dahinter, das die Sehnsucht verkörpert, zu der alle Menschen aller Generationen begabt waren.

»Heimat ist etwas, wo noch nie jemand gewesen ist«, sagte der Philosoph Ernst Bloch. Vielleicht sind unsere »Indigo-Kids« mit grauenhafter Geschwindigkeit auf der Suche nach dieser Heimat und betreiben sie mit einer Entschlossenheit, die uns fürchten lässt. Trotzdem, sage ich, trotzdem, sie brauchen uns, sie fordern uns heraus, sie wollen uns haben. In ihrer Kindheit brauchen sie uns, um sie zu schützen und zu lenken, in ihrer Jugend brauchen sie uns als kräftigen Widerpart gegen die enormen Umwälzungen, die in ihrem Leben tagtäglich stattfinden. Wohin die moderne Kulturgeschichte unsere Kinder auch treibt, sie alle brauchen Eltern. Und viele haben keine.

»Indigo-Kids« sind in
einem Übermaß vernunftbetont.

»Wo bist zu Hause, Roland?«, frage ich. Mit dieser Frage kann er wenig anfangen.

»Zu Hause?«

Ich ergänze, wie ich das gelernt habe, meine Frage mit einigen assoziativen Begriffen: Heimat, Geborgenheit, Bequemlichkeit. Ich frage:»Wo ist das alles für dich am ehesten zu finden?« Ich will ihn mit diesen Fragen auf eine emotionale Ebene locken. Denn bisher war unser Kontakt auf fast gespenstische Weise rational geblieben, vernünftig. Das ist eine Beobachtung, die ich und andere Kinderpsychologen immer wieder treffen: Diese Kinder sind in einem Übermaß vernunftbetont. Das hängt wohl damit zusammen, dass sie sich so funktionssicher in den technischen Spielprogrammen auskennen. Die vernunftgesteuerte Funktionssicherheit ist für sie ein wichtiger Faktor der Selbstbestätigung. Dies prägt ihr Verhalten insgesamt, nicht immer zu ihrem Vorteil.

Zu viel Vernunft und zu wenig Empfinden, das kann die soziale Entwicklung eines Kindes durchaus beeinträchtigen. Auch Roland ist nur schwer auf das Gebiet der Gefühle, der unverlässlichen Empfindung zu locken. Hier fühlt er sich nicht recht wohl, fühlt sich nicht »zu Hause«. Er kennt sich in seinen Gefühlen nicht aus. In den technischen Spielen erkennt er sich besser.

Und so fallen seine Antworten denn auch aus. »Heimat?« Seine wichtigsten Kommunikationen sind ortlos.

Die weniger wichtigen haben mit seiner direkten Umgebung zu tun, manchmal trifft er gleichaltrige Kinder zum Fußball, manchmal verabredet man sich in der Clique vor der Disco oder im Eiscafé. Aber der intensivere Reiz geht von der Ortlosigkeit aus, in die seine Spiele und Kontakte per Internet ihn zwingen.

Und seine Familie? In ihr findet er schon längst nichts mehr, was an »Heimat« erinnert. Dasselbe gilt für den nächsten Begriff: »Geborgenheit«. In den Programmwelten seiner Spiele kennt er sich aus, in ihren Geheimnissen, innersten Schlupflöchern, in ihren Taktiken, die er immer wieder verändert, pariert oder beeinflusst, denen er in gewisser Weise ähnlich geworden ist, dort fühlt er sich ganz gut aufgehoben. Geborgenheit ist für ihn eher eine Art von Wiedererkennen, ein Wiederfinden von planmäßigen Vorgängen, die ihm Freude bereiten. Hat Freude mit Geborgenheit zu tun? Hat *diese* Freude mit Geborgenheit zu tun? Wir kommen nicht recht weiter.

Und schließlich das letzte, das fragwürdigste all der Worte, die ich ihm vorgelegt habe: »Bequemlichkeit«. Das ist einfach das Gegenteil von dem, was er braucht, mag und will. Bequem ist für ihn eine Eigenschaft, die er an vielen Erwachsenen beobachtet. Nichts stört ihn mehr an ihnen, als diese behagliche Unbeweglichkeit, im Umgang mit Menschen, mit Dingen, das pünktliche Erscheinen im Büro, die pingelige Aufgabenerledigung, das unkreative Verharren vor dem Fernsehapparat – dies alles steht in krassem Gegensatz zu seinem Ideal von Geschwindigkeit und Konzentration in den Computer- und Internetspielen.

Weil ich einen guten Teil von dem, was er mag und was er verabscheut, so gut nachvollziehen kann, fasst er Vertrauen. Er beginnt zu erzählen, wie für ihn auf engstem Raum die verschiedenen Wirklichkeiten miteinander oder nebeneinander existieren. Roland und Kinder wie er springen unauffällig und ohne große Schwierigkeiten zwischen zwei Wirklichkeiten hin und her. Sie versinken in die Zeit- und Raumerfahrung, die sich in Computeranimationen auftun, und sitzen eine Stunde später ordentlich, oft sogar pünktlich, am Abendtisch (manchmal mit einer gewissen, uns unverständlichen Abwesenheit in ihren Gesichtern). Uns irritiert das. Die Vielfalt der Wirklichkeiten – wir sind darin nicht trainiert. Unsere Verhaltens- und Wahrnehmungsroutinen sind ganz anders eingeübt. Unsere Kinder führen uns nicht an rationale, sondern vielmehr an emotionale Grenzen. Und sie spüren das.

> Unsere Kinder führen uns nicht an rationale, sondern an emotionale Grenzen.

Wie sollen wir uns dazu verhalten? Was sollen so hausbackene Begriffe wie »Autorität« oder gar »Grenzen zeigen« (wo ihre wichtigste Welt doch grenzenlos ist) noch bedeuten? Nun, die Antwort ist tatsächlich nicht einfach. Sie ist in gewisser Weise sogar paradox. Autorität der Eltern bedeutet für diese Kinder wenig und viel zugleich. Um die Paradoxie zuzuspitzen, können wir es auch so formulieren: Weil sie so wenig bedeutet, weil sie so wenig in ihrer Wirklichkeit vorkommt, bedeutet sie so viel, ist sie so unumgänglich notwendig. Was soll das heißen? Es heißt, dass wir gerade an denjenigen Kindern, die wir mit dem bekannt gewordenen Begriff »Computer-Kids« umschreiben können, die Notwendigkeit von Autorität und Lenkung wahrnehmen. Ich habe es schon angedeutet, gerade diese Kinder brauchen sie mehr als alle anderen. Sie sehnen sich danach, aber bei ihnen muss noch mehr als bei anderen Kindern diese Autorität eine moderne sein. Sie muss ihre eigenen Grenzen kennen, sie muss gelassen und großzügig damit umgehen. Die Grenzen ihrer Autorität bestimmen sich durch die Grenzenlosigkeit der digitalen Medien. An ihre Weite, ihre Möglichkeiten, ihre geistigen und bildlichen Potenzialitäten reicht eine väterliche Autorität am Abendtisch nicht recht heran. Das heißt aber nicht, dass sie aus der Welt dieser Kinder ausgeschlossen ist. Es heißt lediglich, dass sie in bestimmten Teilen dieser Welt nicht recht wirkt. Dort ver-

blasst sie, spielt keine Rolle, wird nicht aufgerufen. Ist *dort* –
in diesen Computerspielen, Internet-Kontakten, diesen
medialen Peer-Groups – nicht von Nöten.

Umso mehr ist sie es dann, wenn diese Kinder pünktlich
zur Schule gehen, ihre Hausaufgaben erledigen, familiären Pflichten nachgehen sollen. Und noch notwendiger,
wenn es darum geht, ihnen soziale Verhaltensweisen beizubringen, Grundkenntnisse im Umgang der Menschen
untereinander vorzuleben und an die Hand zu geben. Ich
sagte eben, vielleicht ein wenig voreilig, dass diese »Computer-Kids« mühelos zwischen den Wirklichkeiten wechseln, den digital-medialen im Computer und den sozialen
in der Alltagswirklichkeit. Nun, dies stimmt nur zum Teil.
Wir beobachten sehr wohl, dass diese Kinder im Alltag eine gewisse Neigung zur Desorientierung, zur Gleichgültigkeit, zur Langeweile zeigen. Die Welt ist ihnen nicht
schnell genug. Sie müssen sich aber auf *beide* Geschwindigkeiten *beider* Welten einstellen können, dies ist so ein
Tummelplatz väterlicher und mütterlicher Autorität, ohne deren Hilfe sie alles in allem verloren sind.

»Indigo-Kids« zeigen im Alltag eine gewisse
Neigung zur Desorientierung und Gleichgültigkeit.

Damit kommen wir zum entscheidenden Punkt: Je mehr
es den Eltern gelingt, im Ausüben ihrer Autorität auch jene Großzügigkeit und Gelassenheit, die den digitalen Medien innewohnt, zu zeigen, auch diese kognitive Weite im
Verhalten zu ihren Kindern zu offenbaren, desto wir-
kungskräftiger werden sie in der Regelung des alltäglichen
Verhaltens, desto verbindlicher werden ihre Vorgaben,
desto plausibler und glaubwürdiger ihre Vorschriften –
desto eher sind die Computer-Kids bereit, ihnen zu folgen.
Moderne Autorität, sagte ich am Anfang dieses Buches, ist
eine begrenzte Autorität. Eben deshalb ist sie so notwendig. Dieser paradox anmutende Satz wird nirgendwo so
deutlich, wie im Umgang mit den Computer-Kids.

Wir könnten auch – in einer eher professoralen Redeweise – von einer »Wertediffusion« sprechen. Sie wird bei den Computer-Kids besonders deutlich, durchzieht unsere Gesellschaft aber an allen Ecken und Enden. Regeln und Tugenden, die in der Schule gelten, gelten im Internet nicht. Vorschriften, die bei den Schularbeiten penibel eingehalten werden müssen, wirken im Freundeskreis lächerlich. Dies betrifft übrigens keineswegs nur unsere Kinder. Auch die Erwachsenen leben in einer zergliederten Wertelandschaft. Während am Arbeitsplatz mit seinen hierarchischen Gliederungen nach wie vor Pünktlichkeit und ein gewisser eilfertiger Gehorsam belohnt werden, macht man sich mit denselben Eigenschaften nach Feierabend im Bistro oder in der Cocktailbar nur lächerlich. Sorgfalt, Pflichterfüllung, penibles Befolgen von Anweisungen wirken in der Freizeit auch von Erwachsenen ganz und gar unattraktiv. Wer sich als Single mit solchen Tugenden in der Fernseh-Kontaktbörse präsentieren würde, hätte schlechte Karten. Wir alle wissen das.

Die Folge davon ist, dass Erwachsene bereits unterschiedlichen Wertehaltungen folgen, unterschiedliche Verhaltensnormen verinnerlicht haben. Zu der einen Gelegenheit rufen wir die einen, zu einer anderen Gelegenheit die anderen »Verinnerlichungen« ab. Und damit sind es in einem tieferen Sinn keine »Verinnerlichungen« mehr. Sie bleiben äußerlich. Sie werden sozusagen funktional eingesetzt. Was funktioniert, ist gut. Was nicht funktioniert, wird verworfen. Dies unterscheidet schon heute junge Erwachsene von der älteren Generation.

Auch die Erwachsenen leben in einer zergliederten Wertelandschaft.

Das gute alte Gewissen – was für ein euphorisches und hausbackenes Wort mit einem gewissen Beigeschmack – kannte nur *eine* Werthaltung, war tief und innig gebunden an eine Verhaltensweise, die Martin Luther auf klassische

Weise zum Ausdruck gebracht haben soll: »Hier stehe ich, ich kann nicht anders.« Der moderne Mensch hingegen kann immer noch anders, bzw. er kann eben Vieles und Unterschiedliches gleichzeitig. Mal diese Haltung, dann die andere. Mal wertgebundenes Bekennertum, wie es etwa auf Podiumsdiskussionen von Politikern und Kulturbeamten zu beobachten ist, dann zynische Unverfrorenheit, die wir jeden Tag im TV bestaunen und nicht nur dort. »Anything goes« – alles ist möglich. Und alles ist *uns* möglich. Kein Wunder also, dass unsere Kinder diese schwankende Haltung weiterführen. Vielleicht bis an eine Grenze, an der sie innerlich zerrissen werden. Denn ein Mensch braucht ja Bindungen, braucht Orientierung. Er braucht die Verbindlichkeit einer stabilen Orientierung. Wir haben sie unseren Kindern weggenommen. Da hilft es nun wenig, in abstrakter Weise Autorität zu proklamieren. Wir müssen uns der Relativität unserer Autorität bewusst sein, wir haben sie uns selbst zuzuschreiben.

Vom Kasper können wir etwas lernen

Es ist erstaunlich, was es bei einem Kasperltheater alles so zu lernen gibt. Ich begleitete meine kleine Tochter zu einer Aufführung. Nebenbei bemerkt, sie gehört zu den Kindern, die schon ganz früh mit dem Computer Erfahrungen machten. Schon als Zweijährige kam sie in mein Zimmer und krähte: »Papa, Puter an …«, und ihr nachsichtiger Papa gab nach. Die ersten Spiele wurden eingelegt, *Traumburg* und *Töff töff*, die ersten Gehversuche mit Farben und Formen auf dem Monitor unternommen. Die Begeisterung für Computerspiele hielt an. Aber die Begeisterung für den Kasper ist noch größer. Schon den ganzen Vormittag hatte das Kind herumgezappelt: »Der Kasper kommt, der Kasper kommt!« Und nun war er also da, und sie stand verzückt in einer Horde von etwa fünfzig Kindern und schrie wie alle anderen »Kasper, Kasper«. Viele elementare Dinge sind im Kasperlspiel wirksam. Das macht seine ungebrochene Attraktivität aus. Irgendwie ist das tröstlich: Da kann die Welt umgestülpt werden, der Alltag von der Industrie- zur Informationskultur und wer weiß wohin übergehen, der Kasper bleibt, und die Liebe der Kinder zu ihm auch. Auf der kleinen Bühne ereignet sich nun das, was sich seit fünfzig oder mehr Jahren auf Kasperlbühnen ereignet. Der Sieg der Ordnung, der Sieg der Gerechtigkeit, die Bestrafung der Bösen. Einem rebellischen und mitfühlenden Geist wie mir war dies immer verdächtig. Mit anderen progressiven Kinderbuch-Autoren habe ich schon in den Siebzigerjahren versucht, neue Kasper-Texte zu entwerfen. Nämlich solche, in denen die Bösen nicht bestraft, sondern verstanden werden, in der Recht und Ordnung nicht immer nur auf der Seite der Polizei ist, der Kasper nicht immer nur ein Held, sondern auch mal der Verlierer, möglichst ein sympathischer Verlierer. Kurzum, wir haben mit Eifer »kritische Kasper-Texte« verfasst. Was für ein Unsinn! Kein Kind wollte sie sehen. Und sie haben Recht, die Kinder. Die Hexe wird in einen Sack gestülpt. »So, soll ich sie jetzt zur Polizei bringen?«, fragt der Kasper. »Jaaa!!!«, jubeln die Kinder. Süß klingt das und ein bisschen unheimlich. Und warum haben sie Recht, die Kinder? Weil in ihrer Gemeinsamkeit, ihren gemeinsamen Rufen, dem gemeinschaftlichem Lachen und Antworten erstens zu erkennen ist, dass der Mensch von Grund auf ein Herdentier, ein Gemeinschaftswesen ist. Und zweitens, dass die kindliche Seele ganz tief nach Ordnung und sogar Bestrafung verlangt. Klare Regeln, klare Belohnung, klare Bestrafung. Sie jubeln darüber, es ist wie eine Befreiung. Natürlich ist das Leben nicht so, nicht so einfach. Nachdem der Kasper sich mit ein paar heftig bejubelten Witzen verabschiedet hat, fallen die Kinder in die Arme der Eltern zurück. Man wünscht sich von Herzen, dass es den Eltern gelingt, die Grundbedürfnisse der Kinder nach Ordnung und Regeln aufzunehmen, und durch ihr persönliches Beispiel in eine lebendigere, mitfühlendere, menschliche Form zu gießen, als dies im Modellspiel des Kaspers möglich ist. Nimmt man ihnen aber die Ordnung, die Klarheit der Regeln, dann nimmt man ihnen auch die Fähigkeit zur Differenzierung, vielleicht sogar die Begabung zum Mitgefühl – dies wurde an diesem Nachmittag ganz deutlich.

Ich bin »autoritär« oder:
Ein bisschen Krach muss sein

»Bei uns ist es manchmal so, dass der Junge nach einem Streit in seinem Bett liegt und ruhig schläft, während mein Mann und ich die ganze Nacht wach liegen und nicht schlafen können.«

Kennen Sie diesen Satz? Er kommt aus dem Mund einer Mutter, der Junge ist dreizehn, die Eltern etwa vierzig, eine völlig intakte, liebevolle Familie – nur mit den »Unerzogenheiten« des Jungen kommen sie nicht klar. Eine überaus normale Familie also!

Ich antworte: Es muss natürlich genau andersherum laufen. Nach einem Streit schlafen Sie und Ihr Mann beruhigt und tief, und der Junge liegt noch lange wach und denkt nach – wenn alles gut gegangen ist, über die Dinge, die er ändern will.

Diese Mutter reagierte so, wie vermutlich viele Leser jetzt auch reagieren. Sie fragen: »Ja, aber wie? Was mache ich denn, wenn mir mein zwölf- oder dreizehnjähriger Sohn ins Gesicht sagt, heute fallen die Hausaufgaben flach, er hat keine Zeit – vielleicht morgen wieder? Wenn er sich weigert, den Müll runterzubringen oder sein Zimmer aufzuräumen, wenn er morgens beim Frühstück muffelt, dass mir schon der ganze Tag verdorben ist und wenn ich außerdem ständig Angst haben muss, dass er an falsche Freunde gerät? Er hat irgendwie einen Hang zu seltsamen Jungen seines Alters, die ziehen durch die Stadt, laufen stundenlang durch Kaufhäuser oder streunen herum, und ich weiß nicht, wo sie sind und was sie tun.«

Meine Antwort fällt immer ein ganz klein wenig provozierend aus, ich gebe sie aber nicht ohne Grund. Sie lautet: Vor allem anderen müssen Sie sich zunächst einmal entspannen! Und sollten Sie Ihren Mann mit Ihren tausend Ängsten angesteckt haben, dann müssen Sie sich eben *gemeinsam* entspannen. Das klingt, ich weiß es wohl, als würde ich die Sorgen der Eltern nicht ganz ernst nehmen. Davon kann aber keine Rede sein. Ich nehme sie sehr ernst, allerdings auf eine etwas andere – und, wie ich hoffe – angemessenere Weise, als die Eltern selbst es tun.

Denn es geht darum: Alle Kinder – Söhne und Töchter, Zehnjährige und Vierzehnjährige – haben ein feines Gespür dafür, wann sie sich ihren Eltern überlegen fühlen können. Sie nutzen das aus. Alle tun es, auch das liebevollste und sensibelste aller Kinder. Warum haben sie ein so präzises Gespür? Aus zwei Gründen. Erstens: Eltern, die dauernd von einer Sorge und Aufgeregtheit in die nächste fallen, sind hervorragend zu manipulieren. Zweitens, aufgeregte und überbesorgte Eltern gehen Kindern auf die Nerven.

In beiden Punkten kann ich nicht umhin, den Kleinen Recht zu geben. Denn in beiden Fällen werden ihre ursprünglichsten Bedürfnisse einfach nicht beachtet. Das kann zu nichts Gutem führen.

Alle Kinder haben ein feines Gespür dafür, wann sie sich ihren Eltern überlegen fühlen können.

Diese Bedürfnisse lauten: Kinder wollen Lenkung *und* Freiheit. Beides. Für die Erwachsenen heißt das: Sie müssen einerseits Strenge und klare Überlegenheit aufbieten, auf der anderen Seite Gelassenheit und Großzügigkeit zeigen. Sie müssen »cool« sein. Coole Erwachsene werden von Kindern immer respektiert. Und von den Freunden ihrer Kinder gleich mit. Ich kenne viele Familien, und nicht eine einzige ist darunter, in der einem »coolen« Vater oder einer gelassen-entspannt-konsequenten Mutter nicht die höchste Achtung von den eigenen Kindern und ihren Freunden entgegengebracht wird.

Man kann es auch so sagen: »Coole« Väter oder Mütter werden von ihren Kindern nicht nur geliebt, sondern *respektiert* – was in manchen Phasen wichtiger ist. Dieser Respekt färbt auf die Freunde der Töchter und Söhne ab, und besitzt man erst einmal deren Respekt, dann geht die Botschaft von den Freunden auch wieder an die eigenen Kinder zurück: »Deine Mutter ist cool, ey.« Ein positiver Kreislauf, er vereinfacht das Familienleben extrem.

Aber »Coolness« ist eine Haltung. Man kann sie nicht auswendig lernen, auch nicht dadurch erreichen, dass man pingelig irgendwelche Verhaltenstipps befolgt. Man kann leider auch nicht ganz genau angeben, wann eine Haltung überzeugend auf Kinder wirkt und wann nicht. Erinnern Sie sich einmal an Ihre Schulzeit: Manche Lehrer waren zutiefst autoritär, und die Kinder tanzten ihnen trotzdem auf der Nase herum. Und andere waren auch autoritär und hatten mit denselben Kindern nicht die geringsten Probleme. Wo lag der Unterschied zwischen beiden?

Würde man in einem Erziehungs-Ratgeber nachschlagen, wäre darin das Verhalten beider Lehrer haargenau gleich beschrieben. Beide bestehen darauf, dass die Kinder »Guten Morgen« sagen, wenn sie die Klasse betreten – das ist heute nahezu unüblich; ich frage mich, warum –, der eine wie der andere kontrolliert Hausaufgaben, beide geben gelegentlich Strafarbeiten, beide sind mal laut und mal leise, und beide setzen gelegentlich einen Schüler vor die Tür. Aber der eine schafft Ruhe und Disziplin in seiner Klasse und ist hoch geachtet, und der andere eben nicht.

Warum? Weil bei dem einen Lehrer die »strenge Gelassenheit« Ausdruck einer innere Haltung ist und bei dem anderen nur aufgesetztes Tun. Letzteres führt nie zum gewünschten Ergebnis. In der Schule nicht und in der Familie auch nicht. Der eine weiß, was er will und was er für richtig hält und macht es den Kindern klar, der andere weiß, was er an richtigem Erziehungsverhalten auswendig gelernt hat, und die Kinder spüren das sofort. Er macht alles richtig, und alles ist falsch.

Erziehungsratschläge helfen nur begrenzt – auf die innere Haltung kommt es an.

Dasselbe gilt für Mütter und Väter und Söhne und Töchter. Ratschläge helfen nur begrenzt. Auf die richtige Haltung kommt es an. Deshalb rate ich allen Eltern zunächst, sich zu entspannen.

Nun sollen Sie allerdings nicht »ganz entspannt im Hier und Jetzt« zuschauen, wie Ihr Kind allmählich den Anschluss in der Schule verliert, mit wildfremden Freunden riskante Streifzüge durch die Innenstadt oder das Bahnhofsviertel unternimmt und dabei zuletzt im Elend landet. Das nicht! Ich habe soeben – Sie werden es bemerkt haben – die typischen Ängste von Eltern pubertierender Jungen aufgezählt. Dieselben Ängste lauten bezogen auf Mädchen ungefähr so: Kommt unter die Räder, interessiert sich nur noch für Pop und Stars, fallweise Techno und Trance, hockt am liebsten faul vor dem Fernseher, interessiert sich für nichts, mault herum, findet sich hässlich bis abstoßend und ist nicht ansprechbar. Wird also aller Wahrscheinlichkeit nach als ungebildetes Groupie irgendeiner nicht-schwulen Boy-Group, abgemagert und drogenabhängig, enden.

Und dabei sollen Sie entspannt zusehen? Nein, sagen Sie, das kann ich nicht. Und das sollen Sie auch nicht. Ihr Sohn wird vermutlich keine kriminelle Laufbahn einschlagen, er wird von der zweiten fünf in Mathe genauso entsetzt sein wie Sie selbst, zeigt es aber nicht, er will im Großen und Ganzen im Leben das erreichen, was Sie selbst auch wollen. Darüber können Sie sich auch verständigen, nein, mehr, darüber können Sie sehr ernste und eindringliche Gespräche führen. Und es muss nicht bei Gesprächen bleiben. Vorausgesetzt natürlich, Sie sind »cool« genug.

»Cool« heißt in diesem Zusammenhang, dass sie nicht immer nur pingelig darüber wachen, ob er seine Aufgaben erfüllt; der wichtigere Teil eines Nachmittages im Leben eines Dreizehnjährigen gehört nicht der Schule, sondern ihm selbst. Falls Sie Ihre Vorstellungen über modische Kleidung aus einem neueren Frauenmagazin mit italienischem Titel beziehen, vergessen Sie einfach alles, was Sie dort gesehen und gelesen haben, solange Sie Ihren Sohn im Blick haben. Hier prallen Welten aufeinander, die nie, ich wiederhole nie, zueinander finden. Das nehmen Sie einfach zur Kenntnis und akzeptieren es. *Bitte!*

Merken Sie sich in diesem Zusammenhang auch folgenden Satz: Freunde pubertierender Söhne, die mir als Mutter gefallen, sind für meinen Sohn höchstwahrscheinlich schädlich und beeinträchtigen seine Entwicklung. Mütter haben keine Ahnung, welche Freunde für einen Dreizehnjährigen geeignet sind und welche nicht. Söhne wissen das und suchen – immer! – Freunde aus, die von ihren Müttern als unerträglich, als schiere Bedrohung angesehen werden (eben dieselben Freunde schwärmen manchmal insgeheim von eben dieser Mutter, was den Sohn, wenn er's denn mitkriegt, tierisch stolz macht). Dass solche Freunde, laut, ungehobelt, anmaßend, asozial sind und Ihren Sohn direkt ins Elend reißen, ist – auch wenn Sie felsenfest davon überzeugt sein sollten – wenig wahrscheinlich. Im Zweifelsfall sind Sie ja auch noch da.

Pubertierende Kinder muss man laufen lassen.

Sagen wir es einmal so: Wenn Sie die sehr, sehr weise Lebensregel beachtet haben, dass man pubertierende Kinder einfach laufen lassen muss, denn keine Macht auf Erden kann ihr Gemüt ändern, kein Gott kann die mauligen Selbstzweifel und Neidanfälle einer Zwölf- oder Vierzehnjährigen abstellen – wenn Sie dies alles vollständig akzeptiert haben –, dann, aber nur dann, haben Sie die Voraussetzungen geschaffen, um mit Ihrem Sohn oder Ihrer

Tochter wenigstens im Gespräch zu bleiben. Dann, nur dann können Sie ihm oder ihr, wenn es denn doch mal brenzlig wird, Regeln und Anweisungen an die Hand geben, die ihn bzw. sie schützen.

Ich höre da doch schon wieder das elterliche Gemurmel im Hintergrund: Ha, Regel, Anweisungen, bei meinem Sohn/meiner Tochter, das interessiert den/die doch die Bohne ...

Ich sage: Alles der Reihe nach!

Ich bin mir noch nicht ganz sicher, ob meine Empfehlungen bei Ihnen in der richtigen Reihenfolge angekommen sind. Deshalb noch einmal: Nehmen wir als Beispiel einen Samstagabend. Sohn oder Tochter stylen oder verunstalten sich zwecks Disco-Besuch, Party oder Freundestreffen im Kino. Als Erstes schauen Sie gelassen, freundlich – meinetwegen mit einem leicht resignierten Unterton – dem Treiben Ihres Knaben, Ihrer Tochter zu. Die sind eben so, was soll man schon machen! Danach, nachdem beide endlich verschwunden sind, wenden Sie sich beruhigt Ihrem Mann/Ihrer Frau zu und äußern beispielsweise Folgendes: »Nachdem wir dieses Kind endlich los sind, was machen wir beide denn Schönes?«

Lassen Sie sich bitte von meinem betont »entspannten« Tonfall bei dieser Schilderung nicht irritieren. Ich meine das alles sehr ernst – und bin durchaus in der Lage, Ihnen dieselben Ratschläge in einer expertenverschlüsselten Sprache zu erteilen, die bierernst und imposant auftrumpft, aber leider nicht dazu führt, dass Sie oder sonstwer irgendetwas Nützliches damit anfangen könnten. Also bleiben wir bei einer freundlichen, aber ernsthaften Darstellung, so wie wir die Entwicklungskrisen unserer Kinder mit einem freundlichen, aber sorgfältig-ernsten Blick betrachten sollten.

Haben Sie diese gelassene, liebevolle und nie ganz unkritische Grundhaltung Ihrem Sohn oder Ihrer Tochter gegenüber eingenommen, dann macht es Sinn, wenn Sie mit ihm oder ihr oder beiden auf die disziplinarischen Dinge des Lebens zu sprechen kommen.

Dann, erst dann können Sie Ihrem Sohn beispielsweise klar machen, dass am Freitagnachmittag Hausaufgaben anstehen, danach die Freundesgruppe – und nicht umgekehrt. Und um zehn Uhr abends ist Schluss, am Samstag um elf. Für die Tochter gilt das Gleiche.

Sollten Sie dies in einem überhektisch-besorgten, auftrumpfend-autoritären oder klammernd-verängstigten Tonfall äußern, wäre es besser, gar nichts zu sagen. Sie provozieren, nein, Sie erzwingen seine Opposition nur.

Aber auch, wenn Sie sich des vorgeschlagenen entspannten und freundlichen Tonfalles bedienen (und auch daran denken, dass es einige Dinge gibt, die Sie gern mit Ihrem Mann/Ihrer Frau allein machen), selbst dann gibt es keinerlei Garantie für ein folgsames Verhalten Ihrer Sprösslinge. Es ist zwar erheblich wahrscheinlicher geworden, wird auch mit Sicherheit weit öfter vorkommen, aber eben keinewegs immer.

Und dann?

Autorität zeigen – darüber reden wir doch schon seit fast 200 Seiten!

Strenge!

> ## Konflikte mit Vierzehnjährigen
> ## sind so natürlich wie Trinken und Essen.

Also: Sollte Ihr Sohn – und er wird es mit Sicherheit tun – am Samstag erst gegen Mitternacht statt um elf Uhr nach Hause trödeln, dann sollten Sie jedenfalls schon mal einen wunderschönen Samstagabend mit Ehemann oder Freund oder vielen Freunden oder wem auch immer verbracht haben. Sagen Sie bitte nicht, jetzt verdirbt mir der Bengel meinen wohlverdienten Samstagabend. Nein, sagen Sie bitte: Konflikte mit vierzehnjährigen Mädchen oder Jungen sind so natürlich wie Trinken und Essen. Und dann legen Sie los!

Entfachen Sie bitte einen Riesenkrach! Vergessen Sie Ihr Verständnis (»Na, ich war ja auch mal jung«), erwähnen

Sie ebenfalls mit keinem einzigen Wort, wie viel Sorgen Sie sich gemacht haben, denn Ihre Gefühle interessieren Söhne und Töchter nicht im Mindesten, weisen Sie nicht auf Ihre mütterlich-väterlichen Urängste hin, das nervt! (Noch besser: Sie haben diese Ängste im Verlauf des angenehmen Abends einfach vergessen!) Tun Sie all das bitte nicht, sondern machen Sie dem »Kind« klar: Elf Uhr ist elf Uhr und nicht Mitternacht.

Sie dürfen alles Mögliche tun, Sie dürfen rumbrüllen, die Türe zuschlagen, Hausarrest verhängen (man kann ja am nächsten Morgen nochmal drüber reden), Sie dürfen Ihr Kind, was man in einem pädagogischen Buch natürlich niemals erwähnen sollte, durch die Tür in sein Zimmer schubsen und ungerechterweise hinter ihm herbrüllen: »Warum hast du dir die Zähne nicht geputzt!« Das ist alles erlaubt und wird im Großen und Ganzen von Ihrem Kind akzeptiert; nicht in diesem Moment, aber am nächsten Tag: Er/sie weiß, dass elf Uhr elf Uhr heißt! Sie dürfen nur eines nicht: kleinlich, schwächlich oder gar selbstmitleidig dabei wirken.

Sollten Sie also entgegen meinem Rat den ganzen Abend vergrämt und vergrübelt haben, die Zukunft des Kindes in finsteren Farben ausgemalt, ihre Erziehung mit schlechtestem Gewissen als gescheitert empfunden und andere Seelenregungen dieser Art gezeigt haben – dann halten Sie sich bitte vor Augen, dass dies alles Ihr Kind nicht im Geringsten beeindruckt. Nicht einmal interessiert. Und halten Sie sich gleichzeitig vor Augen, dass Ihr Kind damit völlig Recht hat.

Vergrämte Eltern mit schlechtem Gewissen nerven, sie unterlaufen – willentlich oder nicht – die beginnende Autonomie eines Kindes, sie versuchen, auf weiche Art ein Kind zu binden, das gerade seine Lust an Selbstständigkeit entdeckt.

Machen Sie sich also klar, dass Ihre Motive unlauter sind, zumindest aus der Sichtweise Ihres Sohnes und Ihrer Tochter. Auf diese Art beeinflussen Sie nichts und niemanden.

Wenn Sie aber, nicht ohne Stolz, schon bei der Verabschiedung – »Tchüs Mama, ich geh mal!«»Komm nicht zu spät!« »Nein, nein!«– feststellten, dass Ihre Tochter ein hübsches und interessantes Mädchen, Ihr Sohn ein irgendwie glückliches Exemplar der Gattung Mensch ist, wenn Sie sich anschließend einen Abend lang um sich selbst oder Ihren Mann, Ihre Frau oder sonstwen gekümmert haben, wenn Sie also schöne und selbstbestätigende und nicht vergrübelte Stunden hinter sich haben, dann können Sie »entspannt« gegen 11 Uhr feststellen, dass Ihr Sohn erwartungsgemäß nicht zu Hause ist. Sie können sich entspannt klar machen, dass er für so viel Selbstständigkeit zu jung ist und außerdem elterliche Anordnungen zu befolgen hat, Sie können für einen kleinen ernsthaften Augenblick prüfen, ob sein »Ungehorsam« Ausdruck eines tief liegenden Konfliktes ist – sehr unwahrscheinlich, beziehungsweise alle pubertären Konflikte sind »tief« –, Sie dürfen sich danach also durchaus darüber klar werden, dass jetzt elterliche Autorität angesagt ist und jetzt, klar und kräftig, durchgesetzt wird. Denn elf Uhr ist elf Uhr – wir haben das ja schon herausgearbeitet!

Der Krach, der unvermeidliche, wird vor diesem Hintergrund genau das, was er sein soll: die ruhige, bestimmte, gelassene und verständnisvolle Durchsetzung elterlicher Sorge und Fürsorge mit deutlichen Mitteln. Ich habe an anderer Stelle dieses Buches erklärt, warum diese Art von Autorität von Kindern respektiert, sogar geachtet und gewollt wird. Ich wiederhole das nicht. Regelverletzungen wird es trotzdem immer wieder geben. *Aber Sie haben durch Ihr großzügiges und konsequentes und direktes Verhalten eine Art seelischen Rahmen hergestellt, an dem ein Kind sich abarbeiten kann, um seine Autonomie zu entwickeln.*

Genau das spürt es und weiß es zu respektieren. Übertretungen wird es immer wieder geben, sage ich. Soll und muss es geben. »Abarbeiten« heißt nicht, dass ein Sohn oder eine Tochter nach einem einzigen elterlichen Donnerwetter zum Musterkind wird. Musterkinder sind im

Übrigen langweilig und scheitern im Leben regelmäßig. Nein, das Ganze wiederholt sich noch einige Male. Und Sie? Sie verzweifeln darüber nicht, sondern bleiben stur bei Ihrer Haltung. Dann kann gar nicht viel schief gehen.

Noch ein Hinweis: Mütter »meckern«, daran ist nichts zu ändern, das ist ein Naturgesetz. Sie können wahrscheinlich nichts dafür. Aber immerhin darf man von erwachsenen Menschen erwarten – auch ein Kind darf das erwarten –, dass falsche Verhaltensweisen reduziert werden. »Meine Mutter meckert auch, aber eigentlich nicht so oft« ist aus dem Mund eines zwölfjährigen Sohnes ein Kompliment, bei dem jede Mutter stolz erröten sollte. (Von Ihrer Tochter bekommen Sie ein solches Lob leider erst zu hören, wenn sie fünfzehn oder sechzehn ist – es kann sich aber auch länger hinziehen).

Natürlich muss man gelegentlich schimpfen. Aber Eltern geht es in diesem Punkt wie einem Clown. Auf das richtige »Timing« kommt es an. Eine einzige Wiederholung zu viel, und der ganze Effekt ist dahin!

Dazu gleich ein weiterer Hinweis: »Das habe ich dir schon hundertmal gesagt …« ist so ein unausrottbarer Mecker-Spruch, der auch von Vätern zu hören ist. Schlechtes Timing! Wenn Sie tatsächlich irgendetwas hundertmal vergeblich geäußert haben, angeordnet, bemäkelt oder was weiß ich, dann können Sie sich das hunderterste Mal beruhigt schenken. Da ändert sich nichts mehr!

Grundlage elterlicher Autorität ist eine tiefe Ruhe, Beständigkeit, Gelassenheit und Großzügigkeit.

Wohl dosiert, mit richtigem Timing, dann aber uneingeschüchtert und kräftig, so wünsche ich mir elterliche Autorität. Grundlage ist immer die tiefe Ruhe, die Beständigkeit, die Gelassenheit und Großzügigkeit von Vater und Mutter. Ist sie ausreichend vorhanden, gelingt Erziehung immer. Fehlt das, können Sie hundert und mehr Ratgeber lesen, keiner davon bringt Sie wirklich weiter.

Zur inneren Gelassenheit gehört auch, dass es Ihren Nachbarn nicht zu interessieren hat, ob Sie laut oder leise auf der Einhaltung von Regeln beharren. Soll heißen: Wenn schon ein Krach, dann ein richtiger (nie ein liebloser, das ist nicht gemeint!). Und auch der gelingt Ihnen nur, wenn Sie zu einer gewissen inneren Unabhängigkeit gefunden haben und nicht ständig nach rechts und links schauen. Kinder spüren das. Sie mögen es nicht. Kinder brauchen Autorität? Naja, wahrscheinlich. Kinder wollen Autorität? Ja! Vor allem aber brauchen Kinder elterliche Souveränität und Stärke, an der sie wachsen können. Und dann noch dies: Wie sagte Paulus in dem Brief an die Korinther? »Aber über allem steht die Liebe« – vergessen Sie das bitte nicht!

Vor lauter Stress komme ich nicht dazu, mich über meine Kinder zu freuen

Wenn ich von Autorität rede, möchte ich auch davon reden, dass wir die Freude an unseren Kindern endlich wieder zurückgewinnen sollten. Wir haben sie uns unter dem Eindruck viel zu vieler Erziehungsregeln und -ratschläge teilweise wegnehmen lassen.

Aber aufgepasst, sonst wird aus einem Satz wie »Wir brauchen mehr Freude mit und an unseren Kindern« schon wieder ein Prinzip, eine Art moralische Regel, die Eltern penibel zu befolgen versuchen. Natürlich muss man keineswegs ständig die positiven Seiten des Zusammenlebens mit Kindern betonen. Es gibt ja auch andere Seiten, nervige, ärgerliche, verdrießliche. »Positives Denken« als Prinzip ist in meinen Augen inhuman, »Positive Thinking« als Psycho-Heilmethode hilft ebenfalls nicht viel. Wir benötigen das alles auch gar nicht.

> Wir alle sind von Haus aus
> mit Kinderliebe ausgestattet.

Im Umgang mit unseren Kindern steht uns eine viel energischere Kraft zur Verfügung, nämlich die Tatsache, dass wir alle geradezu phylogenetisch (unserer Menschennatur entsprechend) mit Kinderliebe ausgestattet sind. Kinderliebe entsteigt ursprünglichen Quellen, sie ist mindestens teilweise im Unbewussten verankert. Die Liebe zu Kindern, die Sorge für Kinder, die Freundlichkeit und Demut, die wir in ihrer Nähe aufzubringen vermögen – dies alles ist uralt und wird von Generation zu Generation neu gelebt. Wir müssen uns da nichts »positiv« zusammendenken, es reicht, wenn wir die Quellen nicht zuschütten. »Nun ja«, denken Sie vielleicht, »jetzt predigt er wieder. Das klingt alles soweit ganz nett, aber meine Wirklichkeit sieht völlig anders aus. Wenn ich vom Büro in den Kinderhort hetze, dort schon verärgerte Kindergärtnerinnen vorfinde, die keine fünf Minuten über den vereinbarten Zeitpunkt hinaus warten wollen, wenn ich dann die Kinder ins Auto packe, durch den Großstadtverkehr jongliere, mit einem Teil meines Gehirns ihre plappernden Berichte aufnehme, mit einem anderen die Unverschämtheiten meines Chefs nachträglich brillant pariere und außerdem auf den Autoverkehr achte, dann bleibt für positive Urgefühle nicht mehr viel Zeit. Überhaupt ist es mit den Urgefühlen so eine Sache, wenn man vor einer Ampel steht, die immer dann auf Rot springt, wenn man sich ihr nähert. Dann bin ich sauer, gestresst und sonst nichts. Meine Urgefühle spüre ich abends in der Esoterik-Ballett-Gruppe.«

Ich antworte darauf: Stress-Situationen gibt es. Es gab sie aber vermutlich schon seit Urzeiten. Der Autoverkehr in Großstädten ist um nichts gefahrvoller als die Jagd nach Wollnashörnern während der Altsteinzeit. Der Stressfaktor dürfte ungefähr derselbe sein.

Das soll heißen: Jenseits von Kulturgeschichte, Kulturgenese und historischem Bewusstsein gibt es einige ontogenetische Konstanten, um die man sich einmal kümmern sollte. Auf Deutsch: Jenseits von Straßenverkehr, Kindergärten und albernen Chefs gibt es diese tiefe, tiefe Liebe zu unseren Kindern, horchen Sie nur in sich hinein: Sie ist *da*! Sie rutscht uns nur so leicht weg! Diese uralten Gefühle bergen eine Kraft, die uns geheimnisvollerweise gerade dann zu Hilfe kommt, wenn wir sie unbedingt brauchen, beispielsweise, wenn uns das alltägliche Stressprogramm wieder einmal über den Kopf wächst. Warum? Eben weil sie aus einem Überlebensprogramm der Menschheit stammt.

Und weiter behaupte ich: Dasselbe »Wissen« stattet uns mit dem Wunsch aus, dass unsere Kinder unsere Liebe mit Disziplin und Gehorsam beantworten. Wir haben uns aus irgendeinem Grund daran gewöhnt, kindliche Lebensfreude und Disziplin für zwei verschiedene, ja entgegengesetzte Dinge zu halten. Das ist vermutlich ganz falsch. Beides, behaupte ich, entspringt derselben menschheitsgeschichtlichen Eltern-Erfahrung. Sorge und Disziplin, Liebe und Gehorsamsforderung sind ein einziges, ursprüngliches Verhaltens- und Gefühlsensemble, das man nicht auseinander dividieren darf.

Unser dringender Wunsch, dass die Kleinen hinten im Wagen fünf Minuten still sitzen, hat wahrscheinlich vieles gemeinsam mit der Sorge der Mütter in vorgeschichtlichen Zeiten, die ihre Nachkommen heil durch gefährdete Jagdgebiete leiten mussten. Liebe und Sorge und das Erzwingen von Gehorsam – das war in grauer Vorzeit nicht viel anders als gestern nachmittag auf der Rückfahrt vom Kinderhort.

Nachdem wir das geklärt haben, können wir in Ruhe noch ein wenig weiter nachdenken. Einige Leser, vermute ich, werden aufgeklärte Einwände vorzubringen haben. Sie werden darauf hinweisen, dass wir unsere Kinder nicht zum Überlebenskampf anleiten, weil wir bekanntlich nicht mehr in gefährlichen Jagdwäldern hausen, sondern in einer Zivilisation, in der Vernunft und Planung gefordert sind. Recht haben sie. Ich argumentiere aber gar nicht gegen Vernunft, ich sage nur, dass man sie in der Erziehung ein wenig öffnen muss hin zu ihren intuitiven, um nicht zu sagen instinkthaften Wurzeln.

Andere, vor allem geplagte Mütter, werden mir möglicherweise vorhalten, dass sie gegen ein »Machtwort« zur rechten Zeit nichts einzuwenden haben. Aber Machtworte machen nur dann Sinn, wenn man auch Macht hat. In unseren Familien ist das leider nicht ganz so einfach. In der Tat haben viele Eltern ihre Erziehungsgewalt längst abgegeben. Da nützt dann das schönste Machtwort rein gar nichts. Es perlt an den Kleinen ab wie Regenwasser von einem frisch polierten Auto. Sie machen weiter, als sei nichts gewesen. Als seien Mama oder Papa gar nicht anwesend. Als hätten sie kein Wort verstanden. Da wird an jeder Ampel an der Tür gerüttelt, dass Mama nicht weiß, ob sie auf die Straße oder auf die Rücksitze schauen soll. Weil sie nicht weiß, woher das größere Unheil droht. Da wird über die Sitze gepurzelt, dass jede Konzentration auf den Verkehr völlig unmöglich erscheint – und dergleichen mehr. Ich muss das nicht weiter ausführen. Jede Mutter und jeder Vater kennt solche Situationen.

> Die Forderung nach kindlichem Gehorsam hat
> ganz viel mit elterlicher Liebe zu tun.

So, sagen die geplagten Mütter, und was mache ich jetzt?

Bleiben wir bei unserer kleinen Beispiel-Geschichte: Mama oder Papa steigen – endlich zu Hause angekommen – restlos entnervt aus dem Auto, während die Kleinen vergnügt die Treppe hinaufpurzeln und einen wunderschönen Nachmittag hatten. Ich habe nichts gegen einen schönen Nachmittag für Kinder, aber der Preis war zu hoch. Selbst die liebevollste Mutter wird irgendwann von Neid und Unmut ergriffen, irgendwann wird sie laut, irgendwann schreit sie los, aber dieses Losschreien ist vollkommen fruchtlos. Es erschreckt die Kleinen nur, es ist weder vorbereitet noch hat es Sinn, Struktur und Konsequenz, es dient eben nur dem Abreagieren. Kinder sind aber als Objekte zum Abreagieren zerfetzter elterlicher Nervenkostüme denkbar ungeeignet.

Also wäre es doch schön, wenn man gehorsame Kinder hätte, oder?! Wenn das Machtwort wirklich eines wäre, weil elterliche Macht dahinter steht. Und wenn die mütterliche/väterliche Liebe nicht dauernd unter tausend

Stressfaktoren ersticken würde. Wagen Sie doch einmal, am Ende eines erschöpfenden Tages, nachdem Sie ein wenig zur Ruhe gekommen sind, ganz gelassen und vorbehaltlos in sich hineinzuhorchen. Schauen Sie einfach mal, ob da nicht Gefühle in Ihnen aufsteigen, die eine enorme Ähnlichkeit mit Gewissheit haben. Wenn Sie diese Gewissheit nun in einen simplen Satz fassen sollten, dann könnte der vielleicht so lauten: Es ist schön, dass die Kinder da sind, Stress hin oder her. Es ist auf völlig unvernünftige Weise bereichernd und schön! Und zugleich, mit derselben Intensität – wagen Sie es einfach mal – drängt sich ein zweiter Gedanke auf, und wenn es kein Gedanke ist, so doch ein Gefühl, das sich ungefähr so zusammenfassen lässt: Es wäre verdammt schön, *gehorsame* Kinder zu haben. Und wenn Sie schon einmal so weit sind, dann stellen Sie sich gleich die nächste Frage: Und was hindert mich eigentlich daran? Vergessen Sie dabei bitte nicht, was ich am Anfang dieses kleinen Kapitels sagte: Die Forderung nach kindlichem Gehorsam hat ganz viel mit elterlicher Liebe zu tun. Im Großen und Ganzen ist beides ein und dasselbe.

Eltern dürfen Schwäche zeigen – wenn sie autoritär genug sind

Nicht-autoritäre Eltern erleben oft, dass ihnen jede kleinste Schwäche von ihren Kindern verübelt wird. Ausgerechnet die nachsichtig erzogenen, zur Selbstständigkeit angehaltenen Kinder ertragen elterliche Schwäche schlecht. Das klingt auf den ersten Blick paradox, aber es lässt sich auf der Grundlage dessen, was wir bisher diskutiert haben, durchaus erklären.

Es ist erstaunlich, wie viele Eltern vor den Reaktionen ihrer Kinder buchstäblich Angst haben. In den Elterngesprächen taucht immer wieder, mal verschämt und versteckt, mal ganz offen und naiv, die Frage auf: Was sagt denn mein Sohn/meine Tochter dazu? Was soll er/sie denn von mir halten? Ein tiefer Mangel an Selbstverständlichkeit in den Beziehungen zwischen Eltern und Kindern wird da offenbar. Sie können diese elterlichen Unsicherheiten überall beobachten. Beispielsweise in Talkshows, in denen über Erziehungsfragen gesprochen wird. Da finden Sie mehr als eine Mutter, die geradezu aufblüht, wenn die vierzehnjährige Tochter in die Kamera strahlt: Meine Mami ist meine beste Freundin. (Und eine Mutter braucht sie nicht?). Da gibt es mehr als einen Vater, der naiv zu erkennen gibt, dass ihn die Angst, vom eigenen Sohn als »Spießer« abqualifiziert zu werden, zu den verwegensten Meinungsäußerungen verführt. In zahllosen Beratungsstellen, psychologischen Praxen und Lehrergesprächen ist es nicht anders. Offenkundig ist nichts mehr selbstverständlich in den Eltern-Kind-Beziehungen, und Unsicherheit hat längst nicht nur die Kinder erfasst. Aber sie leiden besonders darunter, mögen sie noch so trendy ins Publikum strahlen. Und irgendwann zahlen sie es ihren Eltern heim.

Nicht autoritäre Eltern stehen immer in der Gefahr, dass das Bild, das die Kinder von ihnen haben, sozusagen *verschwimmt*. Das wird besonders problematisch, wenn Kinder in die Pubertät kommen. Sie suchen sich, mangels kräftig überzeugender Alternativen im Elternhaus, ihre Orientierungen eher in den Peer-Groups der Gleichaltrigen, sie sind gleichzeitig der Übermacht von Moden und Idealbildern in Kino, Fernsehen, Life-Style-Magazinen und Werbespots übermäßig ausgesetzt. Genau in dieser Phase bräuchten sie das Leitbild der Eltern eigentlich dringend, und genau jetzt fällt es oft fast vollständig aus.

> Gerade während der Pubertät
> verlangen Kinder nach Leitbildern.

Die Normen und Ideale der Peer-Groups sind sehr perfekt und gleichzeitig sehr streng. In den Magazinen und TV-Spots haben die Kinder gesehen, wie makellos, wie perfekt Menschen sein müssen, damit sie wirklich Anerkennung bekommen. Ihre realen Eltern halten den Vergleich damit bei weitem nicht aus. Sie stellen immer – unvermeidlich – weniger dar, als das Kind von ihnen fordert. Das ist zunächst einmal ein Problem, das sich allen Eltern stellt. Gerade in der Pubertät verlangen Kinder dringend nach Leitbildern, und die Medienrealität stellt ihnen Perfektionen zur Verfügung, denen kein reales menschliches Wesen nachkommen kann. Diese Diskrepanzen zwischen medial produzierten Idealbildern und der Realität kränkt das anfällige Ich-Ideal der pubertierenden Kinder. Das ist, wie gesagt, ein Problem, das sich vielen Eltern stellt, ob sie nun autoritär erziehen oder nicht. Und was machen wir nun?

Jetzt machen wir gar nichts mehr, jetzt ist es nämlich zu spät. Wenn sich nicht über viele Kinderjahre hinweg ein tiefes Gefühl von Vertrauen, Verlässlichkeit und respektvoller Liebe in den Kinderseelen festgesetzt hat, können sie *jetzt*, in solch krisenhaft zugespitzten Lebensphasen, nicht mehr aufgebaut werden. Nicht autoritäre Eltern haben jetzt verzweifelt schlechte Karten. Ein »Imago« elterlicher Schwäche hat sich über viele Kinderjahre auf hundertfache Weise mitgeteilt. »Damals« haben die Eltern kleine Konflikte mit ihrem »Sonnenschein« vermieden, indem sie nachgaben und wieder nachgaben. Aber das Bild der Nachgiebigkeit, der Unbeständigkeit im buchstäblichen Sinn: der mangelnden Standhaftigkeit, ist übrig geblieben und hat sich eingebrannt. Diese unscharfe, verschwommene Identität bleibt jetzt rettungslos blass und verloren gegenüber den hoch fliegenden idealisierenden Sehnsüchten der Pubertierenden.

Diese Eltern bieten weder Halt noch Abstand zu den Medienerfahrungen und den Peer-Groups, keine Relativierung und erst recht keine Minderung der perfekten medialen Sehnsuchtswelt und der Zwänge, die von ihr ausgehen. Nicht autoritäre Eltern sind für ihre Kinder jetzt endgültig eine einzige Enttäuschung. Und, wie ich sagte, sie zahlen es ihnen heim.

Sie wenden ihre ganze Aufmerksamkeit und »Liebe« den medialen Leitbildern zu. *Die* sind nicht schwach, die sind nicht gefügig. Die stellen Ansprüche und signalisieren den pubertären Jugendlichen, dass ihr Anspruch absolut ist. Solcher massiven Anspruchshaltung sind gerade die nicht autoritär aufgewachsenen Kinder hilflos ausgesetzt.

> Nachgiebige Eltern bieten ihren Kindern weder Halt noch Abstand zu den Alltagserfahrungen.

Das ist der Grund, warum ausgerechnet die liberal erzogenen, in offener Konsensfindung im Rahmen von Familienkonferenzen geübten, auf Selbstständigkeit getrimmten Kinder es sind, die ohne Markenklamotten gar nicht leben können, die unbedingt jedes neue Computerspiel als Erste haben, jeden Film gesehen, jede Soap-Opera bis ins Detail kennen müssen. Oder die – sofern sie weiblich sind – fast in Ohnmacht fallen, wenn sie sehen, wie ihre beste Freundin wohlig ein Stück Sahnekuchen verdrückt – diese Freundin hatte vielleicht stabile autoritative Eltern, die zeitig sagten: Wir machen deutlich, was wichtig ist und was nicht!

Wenn die nicht autoritären Eltern auf einmal zusätzliche Schwächen zu erkennen geben, wenn sie Angst oder Trauer, Kummer oder Verletztheit zeigen, wenn sie Sorgen haben oder sich sogar hilflos fühlen, dann stürzen gerade diese Kinder in zusätzliche Verwirrungen. Sie spüren ja auch, dass sie mit vierzehn oder fünfzehn Jahren alt genug sein müssten, mit ihren Eltern auch Sorgen zu teilen, Kummer und Trauer auszuhalten und zu verstehen. Sie wissen sehr wohl, dass auch dies zum Erwachsenwerden gehört. Aber sie bestehen diese Prüfungen nicht.

Ihre nicht-autoritären Eltern haben ihnen die Möglichkeit dazu schon vor langer Zeit verbaut. Diese Kinder mögen sich nicht wirklich mit ihren Eltern identifizieren, wie sollen sie also Mitgefühl empfinden, Kummer und Sorgen teilen? Überdies sind sie aus den genannten Gründen derart distanzlos den Leitbildern der Medien und der jeweiligen Trends ausgesetzt, dass sie unaufhörlich um sich selbst kreisen. Sie haben keine anderen Leitbilder. Sie sind auf eine vertrackte und heillose Art und Weise in sich selbst verfangen und fast unfähig zu Gefühlen.

> **Nicht-autoritäre Eltern müssen in den Augen ihrer Kinder perfekt sein, damit sie überhaupt etwas gelten.**

Es ist schon so: Nicht-autoritäre Eltern müssen in den Augen ihrer Kinder perfekt sein, damit sie *überhaupt* etwas gelten. Damit sie im seelischen Leben ihres Kindes überhaupt eine Bedeutung haben. Wenn sie von dieser Perfektion abfallen, dann zieht sich das Kind zurück, teils aus Hilflosigkeit, teils aus Gleichgültigkeit.

Und der autoritäre Vater und die autoritäre Mutter? Sie haben es besser. Sie sind immer schon lebendige Personen gewesen, an ihnen hat sich das Kind gerieben, hat ihre Macht und Schwäche, ihre Stärke und gelegentliche Nachgiebigkeit erlebt. Es hat ein festes, erlebnisgesättigtes, bildreiches »Imago« seiner Eltern in sich verankert. Es hat, mit anderen Worten, das Elternbild verinnerlicht.

Es hat auch ganz widersprüchliche Gefühle den Eltern gegenüber empfunden, mal Wut und Geliebt-Werden-Wollen gleichzeitig, Ablehnung und Hinrennen-Wollen gleichzeitig, es kennt aus tausendfachen Erlebnissen die ganze verrückte Skala menschlicher Gefühle, Eltern-Kind-Gefühle. Es lernt früh – und versteht als Jugendlicher auf dieser Grundlage immer besser –, dass Schwäche nicht nur Schwäche ist, sie kann manchmal Stärke sein. In gewissem Sinn ist Schwäche vielleicht sogar *immer* Stärke. Es weiß, dass Wut und Ablehnung gegenüber den Eltern immer auch das Gegenteil bedeuten können, gleichzeitig. Es braucht keine normierten, keine übermäßig eindeutigen Gefühle, weil es mit widersprüchlichen Gefühlen umzugehen versteht.

Dies ist ihm – in tausendfachen Konflikten und Versöhnungen – beigebracht worden. Und weil es ihm beigebracht wurde, hat es manchmal voller Zorn, manchmal voller schwieriger innerer Zerrissenheit Wut und Liebe, Auflehnung und Gehorsam gleichzeitig an sich selbst und an seinen Eltern kennen gelernt.

Über wer weiß wie viele innere Kämpfe und Widerstände hat das autoritär erzogene Kind die Weite menschlicher Gefühle mit sich selbst ausgemacht und an sich selbst erfahren. Es hat Gefühle *gelernt*. Wer Gefühle gelernt hat, kann sie später, im pubertären Alter und danach, mit den Eltern teilen. Wer auf der anderen Seite sein Kind niemals in dem eben beschriebenen Sinn Gefühle *gelehrt* hat, wird sie dann schmerzlich vermissen, wenn er oder sie das Mitgefühl seines Kindes einmal dringend bräuchte.

Nur wer Autorität hat, darf auch Quatsch machen

Es ist immer ein besonderer Beweis dafür, dass jemand gut mit Kindern umzugehen versteht, wenn er Quatsch machen kann. Quatsch machen, sagen Sie vielleicht, kann schließlich jeder. Aber das ist ein Irrtum. Dummes Zeug reden, sich aufspielen, Witze erzählen und dergleichen mehr, das mag jeder können. Aber Quatsch machen in einem tief kindlichen Sinn, ist, glauben Sie mir, eine ganz besondere Begabung. Man muss ein besonderer Mensch dafür sein, sonst lernt man es nie. »Quatsch« bedeutet in einem naiven kindlichen Sinn nämlich etwas ganz Eigenartiges. Ich will versuchen, es zu beschreiben, es ist gar nicht so einfach:

Unsere Kinder bewegen sich mit einem Teil ihres Gefühlslebens immer in der Fantasie. Zu jedem Zeitpunkt eines Tages. Immer spuken irgendwelche Fantastereien in ihren Köpfen herum. Die Bodenhaftung, an die wir Erwachsene uns gewöhnt haben, ist bei ihnen noch nicht ausgeprägt.

Achten Sie einmal darauf, wie rasch und problemlos es einem vierjährigen Kind gelingt, von der Realität in seine Spiellandschaft überzugehen und umgekehrt. Eben noch feilschte es lautstark herum, ob es eine oder zwei Kugeln Eis spendiert bekommt, jetzt rutscht es schon auf Ihren Schoß, kramt ein oder zwei Puppen oder puppenähnliche Gegenstände hervor und sagt: »Spielen wir mal.«

Und plötzlich ist alles anders, wie verwandelt.

Wo vorher ein Tisch in der Eisdiele war, ein Eisbecher, Geld und Papa und Mama, da befinden sich auf einmal Burgen mit seltsamer Architektur, Schlösser und Luftschlösser, Prinzessinnen und Prinzen, und selbstverständlich wollen alle heiraten, zumindest wenn das vierjährige Kind ein Mädchen ist.

Schauen Sie nur, wie versunken, beglückt und selbstvergessen Ihr Kind jetzt spielt. »Selbstvergessen« können Sie wörtlich nehmen: Ihr Kind hat sein Selbst für einige beglückende Momente tatsächlich vergessen. Es tritt ein wenig aus sich heraus, es verliert seine Erdenschwere und plappert, poltert, lacht, jauchzt und weint, und das alles durcheinander. Es spielt!

Es spielt seine Emotionen nach, ohne dabei die geringste Rücksicht auf die Beschaffenheit der Realität zu nehmen. Im Spiel wird alles Normative, werden alle Fesseln abgestreift. Freilich, wenn wir genauer sein wollen, dann müssen wir sagen: Im Spiel werden alle Normen so umgedeutet, dass sie für ein Kind erträglich oder sogar beglückend werden. Denn auch das Spiel hat Normen, viele sogar. Aber sie stehen nicht in Widerstreit mit dem kleinen erwachenden kindlichen Ich, mit dem Flug seiner Seele, sondern sie ergänzen es.

> Die Normen des Spielens stehen nicht in Widerstreit mit der kindlichen Seele.

Dies ist ein ganz wichtiger Punkt! Wir müssen unterscheiden zwischen den Normen der Erwachsenenwelt, die immer in gewisser Weise kindfremd sind, und den Normen des Spiels, die immer in gewisser Weise das kindliche Ich stärken. Und, was viel wichtiger ist, das kindliche Ich beglücken.

Genau dies und nichts anderes macht den Charme des kindlichen Spiels aus. Wir alle haben solche Entwicklungsphasen durchlaufen, haben die beglückende Fähigkeit gespürt, Normen einfach über den Haufen zu werfen und sie mit den Mitteln der Fantasie neu zu schaffen. Die meisten von uns haben es nur wieder vergessen – welch eine Vergeudung von seelischen Potenzen!

So, und wenn wir dies verstanden haben, dann beginnen wir zu ahnen, warum Quatsch machen in einem tiefen kindlichen Sinn eine Begabung und nichts Simples ist. Quatsch hat nämlich eine ganz wichtige Voraussetzung. *Sie müssen die Normen des Spiels, die Strukturen der Fantasie, die Syntax des Seelenfluges begreifen.* Nur wenige Erwachsene können das. Das sind dann die, die auch Quatsch machen können.

Nun ja, werden Sie sagen, die Regeln eines kindlichen Spiels sind ja noch kein »Quatsch«. Im Spiel lacht und jubelt ein Kind ja nicht nur, es kann auch weinen, still sein, ganz ernst und tiefsinnig. Sie haben Recht, der pure »Quatsch« entsteht dadurch, dass zum Fantasiespiel noch eine weitere Komponente hinzutritt. Genauer gesagt sind es zwei Komponenten.

Die erste besteht darin, dass die Fantasiegestalten plötzlich auf die »reale Welt« – also die vernünftige Erwachsenenwelt – prallen. Nehmen wir ein Beispiel. Der stolzierende »König«, der in Wirklichkeit beispielsweise ein langstieliger Eislöffel ist, rutscht plötzlich vom Tisch und brüllt ganz unköniglich »Oh pardauz, ich falle!« Und dann klirrt er (»er« ist ja nur ein Löffel aus einem Eisbecher) auf den Boden, und weint oder schimpft und flucht dort unten ganz erbärmlich vor sich hin. *Das ist Quatsch!* Das gefällt einem Kind! Daran hat es ein tiefes, gackerndes Vergnügen.

Was ist daran nun so quatsch-komisch? Das einfache Fantasiespiel vom König und der Prinzessin war noch nicht komisch, auch wenn der König nur ein Löffel und das Schloss nur eine Zuckerdose war. Das ist für ein spielendes Kind ganz plausibel, das ist jetzt mal so! Entsteht die Komik also dadurch, dass die kindliche Fantasie, als der Löffel unversehens auf den Boden purzelte, an der Realität in unserem Erwachsenensinn auseinander bricht?

Das kommt der Lösung des kleinen Seelenrätsels schon näher, ist aber immer noch zu einfach. Kindliche Seelenvorgänge sind überhaupt nie einfach. Das haben sich nur Didaktiker und Pädagogen so ausgedacht. Vermutlich verhält es sich so, dass das Kind zwar aus seiner Fantasiegeschichte herauspurzelte, als ihm der König-Löffel zu Boden fiel. Aber auf der anderen Seite war es noch immer mit einem Seelenteil so tief im Spiel, dass die Erwachsenenwirklichkeit trotzdem nicht wieder voll zur Geltung kommt. Der König, der da die Tischkante runterschlittert und unten auf dem Fußboden laut jammert, ist immer noch ein Fantasie-König. Nur sind jetzt die Realitätsanteile der Erwachsenenwelt größer geworden. Sie haben sich sozusagen störend bemerkbar gemacht. Der richtig gackernd-wiehernde Quatsch entsteht jetzt dadurch, dass beide »Wirklichkeiten« aufeinander prallen und dabei beide – der Fantasiekönig ebenso wie die beharrliche, erwachsene ernste Wirklichkeit – für einige Momente aus den Fugen geraten! Was das Kind beglückt und zu Jubel veranlasst, ist das *chaotische Moment im Aufeinandertreffen der beiden.*

Die Tischkante, die zum Abgrund wird, das Purzeln, das zum tragischen Sturz wird, das sind lauter »Konnotationen«, lauter Verknüpfungen von Wirklichkeitszeichen, wie die Theoretiker sagen, die nicht aufeinander passen. Das Anarchische erfasst jetzt *auch* die erwachsene Wirklichkeit. Das Skurrile und Verwegene eines Spiels (dass ein Löffel ein König ist, eine Zuckerdose sein Schloss), das alles wird beibehalten und durch den »Einbruch der realen Wirklichkeit« auf den Kopf gestellt. Für einige quiekend-lustige Momente ist tatsächlich alles aus dem Ruder gelaufen, das Spiel mit seiner Syntax und Regelhaftigkeit ebenso wie die Wirklichkeit mit ihren Normen und Gesetzmäßigkeiten. *Eben alles!* Und genau diese radikale Variante von Spielen, »Quatsch« eben, bereitet einem Kind ein geradezu tierisches Vergnügen.

Ich will Sie nicht zu tief in die Gründeleien der Spiel-
psychologie hineinführen. Sie merken aber schon, dass
das kindliche Spiel einen tiefen Ernst hat. Denn was ist
schon ernster als Radikalität. Bei Erwachsenen kann sie oft
auf schreckliche Irrwege führen. Kinder aber sind immer
radikal, zumindest diejenigen sind es, denen ihre natürliche Radikalität nicht »ausgetrieben« wird.

Das kindliche Spiel hat einen tiefen Ernst.

Nun denken wir, wenn wir die Worte »dem Kind ausgetrieben« hören, sofort an schlechte Autorität. An prügeln-
de Väter, nörgelnde Mütter und dergleichen mehr. Es ist
schon wahr, auch durch Einschüchterung und Draufhau-
en kann man einem Kind seine natürliche Radikalität rauben. Man bezahlt in der Regel einen hohen Preis dafür.
Kinder, die in diesem verspielt-ernsthaften Sinn nicht radikal sein dürfen, werden meist nörglerisch, anspruchs-
voll, überängstlich und quengelig. Es gibt aber auch andere Arten, Kindern ihre natürliche und deftige Begabung zu
Chaos und »Quatsch« auszutreiben. Eine davon ist übermäßige Duldsamkeit. Ich habe eben beschrieben, dass die
Pointe beim »Quatsch« darin besteht, dass das ernsthafte
kindliche Spiel durchaus auch seine eigenen Normen hat,
dass diese Normen auf die der erwachsenen Wirklichkeit
aufprallen und dadurch *alle* Normen außer Kraft gesetzt
sind. Zumindest für einige brüllend-komische Quatsch-
momente geht absolut alles durcheinander, das kann man
wirklich »radikal« nennen.

Aber die Voraussetzung ist natürlich – logischerweise –
dass wir vorher beide Seiten ernst genommen haben, also
die Normen oder die Syntax des Spiels ebenso wie die
Normen und die Forderungen der Erwachsenenwirklichkeit. Beides hat im Seelenleben seinen Platz, und der muss
erst einmal fest und sicher eingenommen worden sein.
Dann erst kann beides auf die geschilderte Art und Weise
lustvoll und peinlich aufeinander prallen und das vorzüg-

lichste Chaos auf Erden anrichten. Nur dann kann es zu diesen turbulenten Höhepunkten des »Quatsch« kommen, die von *jedem* Kind mit Gebrüll und Gewieher lauthals begleitet werden – und uns Erwachsenen ein süßlich-indigniertes Lächeln abfordern, irgendwie ist das alles ja auch *zu* peinlich und viel zu laut!

Das sind Feste der Seele für ein Kind. *Dick und Doof* und der geniale *Charlie Chaplin* lebten davon.

Wenn wir Erwachsenen nun aber besonders kinderlieb erscheinen wollen, dann machen wir unter Umständen den ganzen »Quatsch« kaputt. Wenn wir beispielsweise jeden einzelnen Schritt eines kindlichen Spiels mit nichts anderem als lauter Beifälligkeiten, jede kleinste Fantasie mit Urlauten des elterlichen Entzückens begleiten, nehmen wir dem Kind etwas sehr Wichtiges weg. Wir nehmen ihm das benötigte Gegenüber im Spiel weg.

> Das Kind braucht einen Erwachsenen,
> der mitspielt, dabei aber Erwachsener bleibt.

Dieses Gegenüber braucht das Kind im Spiel aber, die Realität ist die Folie, der Hintergrund, vor dem sich die kindlichen Fantasien erst richtig lustvoll ausbreiten. Wir Eltern sind, auch wenn wir spielen, mehr für diese erwachsenen Normen zuständig, die spielerischen Regeln und Zusammenhänge schafft ein Kind sich schon selbst. Also, das Kind braucht den Erwachsenen, der zwar mitspielt, aber Erwachsener bleibt.

Achten Sie einmal darauf, mit wem ein Kind am liebsten spielen mag, wen es aus einer Runde von erwachsenen Leuten als Erstes zum Spielen auffordert. Das sind keineswegs die jubelnd-kreativen Erwachsenen, die sich dem Kind schon zuwenden, wenn es nur zur Puppe oder sonst einem Spielzeug greift. Nein, es sind viel häufiger die ernsten, aus Kindersicht leicht strengen, gelassen-gutmütigen Erwachsenen, mit denen es ins Land seiner Spiele loswirbeln möchte.

Wenn die Erwachsenennormen gar nicht mehr in der Spielsituation anwesend sind, wie sollen dann die Kinderfantasie und die Vernunft-Realität so heftig aufeinander stoßen, dass daraus das Chaos, das Tohuwabohu, das radikale Durcheinander entsteht? Dies hatten wir ja gerade als die drei Elemente von »Quatsch« herausgestellt. Wir müssen also auch aus dem Grund »erwachsen« im Spiel mit Kindern sein – sonst kann kein »Quatsch-Chaos« entstehen. »Huch, wir sind alle so lustig und kindisch-wild« ist eine Erwachsenen-Haltung, die nie wirklichen »Quatsch« ergibt!

Sehen Sie, das ist gar nicht so einfach. Ich habe es ja gesagt. Sogar beim Spiel gilt, dass Kinder Erwachsene erwachsen haben wollen, nicht »gleich«, nicht als gleichberechtigtes Möchtegern-Kind oder als Spielkumpel. Natürlich gilt auch hier, was Goethes *Faust* schon wusste: »Wenn ihr es nicht erfühlt, ihr werdet es nicht erjagen.« Was man nicht fühlt beim Kinderspiel, das kann man sich tausendmal psycho- oder sonstwie logisch vor Augen halten – verstanden hat man trotzdem nichts!

Drei Merkmale guter Autorität

Als Zusammenfassung meiner bisherigen Überlegungen möchte ich drei Merksätze formulieren, die meine Auffassung von einer modernen, guten Autorität beschreiben:

1 Wenn wir keine verlässliche Orientierung, keine stabilen Haltungen in uns selbst finden, können wir sie unseren Kindern auch nicht vorleben. Erst recht nicht vorschreiben. Schon der Versuch ist strafbar. Und er wird auch bestraft. Wenn Papa tagsüber im Büro den zynischen Vorgesetzten gibt, kann er abends schlecht »soziale Tugenden« fordern. Wer es versucht, stößt auf Granit. Oder, was noch schlimmer ist, er macht sich lächerlich. Unsere Kinder haben eben doch viel von uns übernommen. Viel zu viel, als dass sie unsere Unredlichkeiten nicht durchschauten. Wir können dies nicht auf autoritäre Weise überspielen. Also lautet der erste Merksatz: *Autorität funktioniert nur dort, wo wir sie in Übereinstimmung mit uns selbst vortragen.*

2 Aufgeregte, hektische und ständig getriebene Erwachsene sind für Kinder kein Halt. Und schauen wir uns nur um: Überall sehen wir gehetzte erwachsene Menschen. Sie plappern aufgeregt von ihren Erfolgen, prahlen mit ihren Projekten, sind unaufhörlich damit beschäftigt, sich selbst darzustellen. Sie geraten regelmäßig ins Schwitzen dabei, leben immer an der Grenze ihrer körperlichen und seelischen Belastung. Wen kann es dann wundern, dass sie für ihre Kinder kein Halt sind. Also lautet der zweite Merksatz: *Nur derje-*

*nige, der ein gewisses Maß an Gelassenheit und Groß-
mut bewahrt hat, hat auch die Chance zur Autorität
gegenüber seinen Kindern.*

3   Moderne Autorität muss auf der einen Seite die Forderungen, Regeln und Normen ganz präzise formulieren
und gar keinen Zweifel daran lassen, dass sie diese Regeln auch durchsetzen wird – einfach, weil sie so wichtig sind! Auf der anderen Seite muss sie sozusagen einen großen Kreis der Gelassenheit, der Großzügigkeit
beschreiben. Denn die Anwendung der Regeln, die Be-
folgung der Normen findet ja in einer überaus komplizierten und zerrissenen Welt statt. Ob auf dem Pausenhof der Schule, dem Spielplatz oder in irgendeinem
Sportverein – überall sind unsere Kinder der zergliederten Wertelandschaft ausgesetzt, von der wir sprachen. Was wir ihnen auf autoritative Weise vermitteln,
muss dieser Zerrissenheit standhalten. Wie soll das gehen? Nur dadurch, dass das Vorbild der Eltern klar und
fest ist, und zugleich alles, was wir unseren Kindern
vorschreiben, von einem Tonfall großer Gelassenheit
begleitet wird. In solchem lebendigen und beruhigt-
liebevollen Zusammenleben kann auch das Widersprüchliche noch richtig und stimmig sein. Die Vorschriften, die Eltern den Kindern machen, sind keine
Gesetze. Sie müssen nicht haargenau befolgt werden.
Aber sie müssen »stimmen«, für Kinder *und* Eltern.
Dementsprechend lautet der dritte Merksatz: *Moderne
Autorität ist in sich widersprüchlich. Sie muss verbindlich
und großzügig zugleich sein.*

Autorität ist kein Selbstzweck

Vielleicht war dies das größte Problem der autoritären Erziehung vergangener Zeiten. Vielleicht der entscheidende Fehler des autoritären Geistes in vergangenen Gesellschaften überhaupt! Autorität war früher ein Selbstzweck. Und manchmal habe ich den Verdacht, sie könnte es wieder werden. Was meine ich damit?

In früheren Zeiten beanspruchte ein Vater Autorität, weil er der Meinung war, dass »es sich so gehört«. Alle anderen Väter taten das, also tat er es auch. Die Mütter waren damit einverstanden. Die Lehrer stimmten zu, die Ärzte, die Kinderexperten, die Politiker, alle waren geprägt vom autoritären Geist. Diese Autorität war innerlich leer. Sie hatte keine Legitimation. Und alle Beteiligten hatten das Gefühl, sie brauche auch gar keine Legitimation. Mit anderen Worten: Eigentlich waren gar nicht die Eltern autoritär, die Väter autoritär, die Politiker autoritär. Die Gesellschaft war es, die ihren autoritären Geist über die Eltern, die Väter, die Politiker, die Ärzte und Lehrer durchsetzte.

An solcher Autorität konnten Kinder nicht reifen. Sie konnten in ihr ihre Stärken nicht vermehren, ihre Kräfte nicht steigern, ihre kindliche Klugheit und Kreativität nicht ordnen und weiterführen. Diese Autorität machte sie klein. Wenn ein Kind sich ungehorsam zeigte, dann war der erste Gedanke von Papa und Mama nicht, dass Ungehorsam zu einer inneren Unordnung führt, die einem Kind schadet. Der erste Gedanke war vielmehr, dass man eben nicht ungehorsam sein *darf*. Es ging immer nur um die Selbstbestätigung der Autorität. Das war Autorität

als Machtdemonstration, als leeres Machtprinzip um seiner selbst willen. Natürlich bringt das unterdrückte Seelen, leere Herzen hervor und nicht das, was wir unseren
Kindern wünschen: lebendige, freie, lustvolle und freud-
volle Jahre in der Entwicklung vom Kind zum erwachsenen Menschen.

Nein, zu all dem war die alte Autorität ganz und gar unfähig. Wir wollen sie nicht wiederhaben! Wir wollen sie,
nebenbei bemerkt, auch in liberaler und modernisierter
Form nicht wiederhaben. Ich habe oft den Verdacht, dass
der heute so populäre Slogan »Kinder brauchen Grenzen«
das alte Autoritätsprinzip, nämlich Autorität um ihrer
selbst willen, mit zahmeren Worten wieder einführt. Auch
diese »Grenzen« sind eigentlich um ihrer selbst willen da.

In jeder Vortragsveranstaltung zum Thema Autorität
steht am Ende irgendjemand auf und verkündet unter
dem Beifall der anwesenden Mehrheit, die mir immer
häufiger wie eine amerikanische »Moral-Majority« vorkommt, was Kinder so brauchen. Und? Was? Grenzen
natürlich, aber was damit gemeint ist, wozu die verschwommen beschriebenen »Grenzen« eigentlich da sind,
was sie in der kindlichen Entwicklung bedeuten oder anrichten, darauf hat merkwürdigerweise weder unser eifriger Redner noch die beifällige Mehrheit einen einzigen Gedanken verschwendet. Kinder brauchen Grenzen,
Punktum! Da ist es wieder, das leere Erziehungsprinzip,
das um seiner selbst willen und nicht für das Wohl der
Kinder auftritt.

Nein, Kinder brauchen keine Grenzen: Kinder brauchen
Stärkung, Stabilität, dafür brauchen sie Ordnung. Kinder
brauchen, um stark zu werden, auch Anleitung. Sie brauchen den väterlichen Schutz, die mütterliche Autorität. Sie
brauchen die elterliche Fürsorge und im gleichen Atem-
zug die Fähigkeit und Begabung der Eltern, ihnen die Welt
in geordneten Formen, in nachvollziehbaren Strukturen,
in rücksichtsvollen Prinzipien beizubringen. Nicht ein
einziges dieser Prinzipien, nicht ein einziges dieser Erzie-

216 Lösungen: Auf die Eltern kommt es an

hungsziele existiert um seiner selbst willen. Insofern muss unsere Leitlinie in der Erziehung so lauten: Kinder brauchen keine Grenzen an sich, sie brauchen auch keine Autorität an sich, sie benötigen freilich Leitung und Lenkung durch Autorität, um zu sozialen, einfühlenden und zur Selbstreflexion begabten Menschen zu werden. Sie brauchen Autorität *als Schritt auf etwas hin*. Als Bestätigung ihrer selbst und nicht zur Bekräftigung irgendwelcher Ordnungen jenseits vom »Ich«.

Ich betone diese Zusammenhänge mit so vielen umständlichen Worten, weil mir der folgende Satz sehr am Herzen liegt, ich setze ihn deshalb als allerletztes Wort an das Ende dieses Buches: *Nie und nimmer wollen wir wieder leere Prinzipien in der Erziehung, schon gar keine, die auf die Unterwerfung, auf das »Klein-machen« von Kindern angelegt sind.*